Philipp Baumgartner

Zwischen Bottom-Up und Top-Down

Idiosynkratische Deals als neue Form von Arbeitsverhältnissen

Bibliografische Information der Deutschen Nationalbibliothek:

Die Deutsche Nationalbibliothek verzeichnet diese Publikation in der Deutschen Nationalbibliografie; detaillierte bibliografische Daten sind im Internet über http://dnb.d-nb.de abrufbar.

Impressum:

Copyright © ScienceFactory

Ein Imprint der Open Publishing GmbH

Druck und Bindung: Books on Demand GmbH, Norderstedt, Germany

Covergestaltung: Open Publishing GmbH

Inhaltsverzeichnis

Zusammenfassung 4

1 Einleitung 5

2 Begriffsbestimmung 7

2.1 Definition von I-Deals 7

2.2 Messungen 12

2.3 Abgrenzung und ähnliche Konstrukte 14

2.4 Theoretischer Hintergrund 16

3 Ebenenspezifische Integrationsvoraussetzungen 18

3.1 Individuelle Ebene 19

3.2 Gruppenebene 27

3.3 Organisationale Ebene 34

3.4 Ganzheitliche Betrachtung 35

4 Diskussion 38

5 Konklusion 45

6 Literaturverzeichnis 46

Zusammenfassung

Die Forschung über idiosynkratische Deals fokussiert auf die Entstehung von zwischen dem Arbeitnehmer und dem Arbeitgeber individuell ausgehandelten, nicht standardisierten Arbeitsarrangements. Diese Arbeit beinhaltet ein qualitatives Review über die I-Deal Theorie und I-Deal Forschung und begutachtet ebenenspezifische Faktoren zur Integration von I-Deals im Organisationskontext. Das qualitative Review untersucht die Konzeptualisierung und Messung von I-Deals und geht dabei vertieft auf die inhaltlichen Dimensionen eines I-Deals inklusive ihrer spezifischen Auswirkungen auf den Arbeitgeber und -nehmer ein. Für den Integrationsaspekt werden etablierte Antezedenzien von I-Deals der individuellen, der Gruppen-, sowie der organisationalen Ebene einzeln hinterfragt und in einem schematischen Modell ganzheitlich betrachtet. Es zeigt sich, dass - basierend auf der verfügbaren Forschung - begrenzt Rückschlüsse gezogen werden können, wie eine erfolgreiche Integration aussehen soll. Diese neuartige Multilevel Perspektive ist dienlich als Wegweiser für zukünftige Forschung.

Schlagwörter

I-Deals, Idiosynkratische Deals, Integration, Qualitatives Review

1 Einleitung

Idiosynkratische Deals stellen, als hier zu untersuchendes Konstrukt, ein sehr junges Forschungsgebiet dar. Sie sind allerdings nicht nur in theoretischer Hinsicht interessant, sondern auch für Unternehmen von grosser Relevanz.

I-Deals beschreiben angepasste Merkmale im Anstellungsverhältnis, welche zusätzlich zum Standardvertrag individuell ausgehandelt werden und als beidseitig vorteilhaft gelten (Liao, Wayne, & Rousseau, 2014). Im Gegensatz zur klassischen Organisationspsychologie, welche sich vorwiegend mittels einer Top-Down Perspektive dem Jobdesign widmet, weichen I-Deals mit einem eher informalen proaktiven Mittelweg zwischen Bottom-Up und Top-Down Ansatz von dieser klassischen Sichtweise ab (Rofcanin, Berber, Koch, & Sevinc, 2015). Damit passen I-Deals in den zeitlichen Rahmen des sich aufbauenden Spannungsfeldes zwischen wachsenden Anforderungen und Individualismus von Arbeitnehmern und den aus der Industrialisierung stammenden klassischen Organisationsstrukturen. Denn obwohl traditionell die Standardisierung im Arbeitsverhältnis und generell in Personalwesen-Praktiken als die Basis von Fairness am Arbeitsplatz gesehen werden, können standardisierte Anstellungsverhältnisse den Anforderungen von Arbeitnehmern und Arbeitgebern oft nicht mehr gerecht werden (Greenberg, Roberge, Ho, & Rousseau, 2004). Dies hat mehrere Gründe.

Zunächst verschärft sich der Konkurrenzkampf, talentierte Mitarbeiter anzuwerben, zu motivieren und sie in der Organisation zu halten (Greenberg et al., 2004). In solch kompetitivem Umfeld sind sich Arbeitgeber durchaus bewusst, dass sie Vereinbarungen jenseits der klassischen treffen müssen, um die genannten Ziele erreichen zu können. Auch I-Deals zählen zu diesen Vereinbarungen, insofern, als dass dadurch individuellen Bedürfnissen von Arbeitnehmern besser entgegengekommen wird. Als weiterer Grund wird von Cappelli (2000, zit. n. Hornung, Rousseau, & Glaser, 2008, S. 655) das wachsende Bewusstsein des Werts von Humankapital für Arbeitgeber genannt. Dies motiviert Arbeitnehmer, sich aktiv für ihre Interessen und Karriere relevanten Möglichkeiten einzusetzen. So können angepasste Arbeitsverhältnisse sogar in staatlichen Behörden, welche eher für strikte Regelungen und Standardisierung bekannt sind, gefunden werden (Liao et al., 2014). Es ist mittlerweile also verbreitet, I-Deals zu negoziieren (Hornung et al., 2008), was sogar zur Aussage führt, dass nicht standardisierte Arbeitsverhältnisse als neuer Standard gesehen werden können (Greenberg et al., 2004). Es liegt somit im Interesse eines Unternehmens, sich mit I-Deals zu beschäftigen, um als Arbeitgeber nicht an Attraktivität zu verlieren.

So wie konsistente und uniforme Arbeitsverhältnisse nicht immer zu optimalen Ergebnissen führen, sind auch bei individuellen Arbeitsverhältnissen einige Punkte zu beachten, damit eine Integration effizient verläuft. Es ist wichtig zu verstehen, wie sich I-Deals konfliktfrei integrieren lassen in einem sich kontinuierlich wandelnden Organisationskontext und welche Voraussetzungen dafür gegeben sein müssen. Dies ist gleichzeitig auch das Kernthema dieser Arbeit. Die Fragestellung lautet somit: «Welches sind Voraussetzungen für eine erfolgreiche Integration von I-Deals in Organisationen?». Zur Beantwortung gibt diese Arbeit einen Überblick, wie I-Deals definiert werden, wie sie von anderen Arbeitsarrangements abgegrenzt werden können, welches ihr theoretischer Hintergrund ist und wie sie gemessen werden. In einem zweiten Teil erhält man Einsicht in eine ebenen-spezifische Integration von I-Deals. Dabei sind die individuelle, die Gruppen-, sowie die organisationale Ebene von Interesse. Auf der individuellen Ebene werden Persönlichkeitsaspekte sowie Fähigkeiten von Arbeitnehmern und Vorgesetzten aufgezeigt, die mit erfolgreichem Abschluss von I-Deals in Verbindung stehen. Die Gruppenebene zeigt auf, worauf die Akzeptanz von I-Deals in der Perzeption von Mitarbeitern basiert. Auch wird gezeigt, wie «Leader-Member Exchange», kurz: LMX, mit der Negoziation von I-Deals korreliert. Die organisationale Ebene liefert Informationen über kontextuelle Einflussfaktoren. Im letzten Teil diskutiert die Arbeit zusammenfassend die Befunde und Studien, erwähnt vorhandene Limitationen und zukünftige Forschungsmöglichkeiten.

2 Begriffsbestimmung

Das folgende Kapitel beinhaltet eine allgemeine Darstellung von I-Deals in ihren Grundzügen.

2.1 Definition von I-Deals

Idiosynkratische Deals sind beidseitig vorteilhafte, personalisierte Arbeitsverhältnisse oder Übereinkommen von nicht standardisierter Natur (Liao et al., 2014). Nicht standardisiert bedeutet, dass I-Deals in einem oder mehreren Attributen von folgenden Annahmen über Standardarbeitsverhältnissen abweichen: Arbeitserledigung nach einem fixen Zeitplan, für gewöhnlich Vollzeit Anstellung, als Arbeitsort wird der Sitz des Arbeitgebers angenommen. Weiter wird unter Kontrolle des Arbeitgebers gearbeitet mit beidseitiger Erwartung eines fortlaufenden Anstellungsverhältnisses. I-Deals haben ihren Platz dabei als Ergänzung zu standardisierten Verträgen (Liao et al., 2014). Sie werden in der Regel zwischen einzelnen Arbeitnehmern und ihren Vorgesetzten individuell und typischerweise auf Anhalt des Arbeitnehmers ausgehandelt, in einem von der Organisation bewilligten Rahmen. Sie unterscheiden sich also klar von einer Top-Down Autorisation, im Sinne des klassischen Jobdesigns, bei welcher versucht wird, Jobs intrinsisch motivierender zu gestalten. Vielmehr schlagen I-Deals einen Mittelweg zwischen Bottom-Up Gestaltung, also der Abänderung des Jobs durch Arbeiter selber, und Top-Down Arbeitsdesign ein (Hornung, Rousseau, Glaser, Angerer, & Weigl, 2010).

Sehr wichtig bei der Definierung von I-Deals ist auch die Vorteilhaftigkeit für beide Parteien. Indem durch die Erhöhung der Passung zwischen Arbeitnehmer und Job die besseren Bedingungen zu einem höheren Wohlergehen des Arbeitsnehmers beitragen, sollte damit auch seine Performance aufrecht erhalten oder erhöht werden im Sinne der Reziprozität (Hornung, Rousseau, Glaser, Angerer, & Weigl, 2011). Diese Reziprozität, durch welche I-Deals zum Vorteil der Interessen von sowohl Arbeitgeber als auch Arbeitnehmer beitragen, gehört zu den Kernmerkmalen von I-Deals (Greenberg et al., 2004). Die übrigen Kernmerkmale von I-Deals sind gemäss Greenberg et al. (2004), dass I-Deals individuell negoziiert werden, wobei die Weise durch den Stellenwert des Arbeitnehmers für die Organisation widerspiegelt werden soll. Weiter erzeugen I-Deals aufgrund ihrer Natur Gruppenheterogenität, die relativ zu den Ausprägungen von Belohnungen und Vorteilen, welche weitere Mitarbeiter im Team erhalten, unterschiedlich sein können. Idiosynkratische Deals unterscheiden sich sowohl durch ihren Inhalt als auch ihren Umfang, der von einer einzelnen Abweichung vom Standardvertrag bis hin zu einem komplett individualisierten Arbeitsverhältnis reichen kann. Als letztes Merkmal führt Greenberg et al. (2004) den Zeitpunkt auf, in welchem ein I-Deal geschlossen wird. Dabei wird zwischen einem Ex-ante Zeitpunkt, also Abschluss eines I-Deals vor eingegangenem Arbeitsverhältnis, und einem Ex-post Zeitpunkt unterschieden. Letzterer entspricht dem Abschluss eines I-Deals während eines laufenden Anstellungsverhältnisses und ist Kernpunkt vorangegangener Forschungen (Liao et al., 2014). Ex-post I-Deals haben zum Ziel, bestehende Arbeitsverhältnisse zu revidieren (Greenberg et al., 2004). Es wird gemäss Rousseau, Ho, und Greenberg (2006) angenommen, dass I-Deals vom Zeitaspekt her verschiedene theoretische Erklärungsmechanismen über das Zustandekommen zugrunde liegen, da Beziehungen zwischen den einzelnen Parteien unterschiedlich ausgeprägt sind (siehe Abbildung 1).

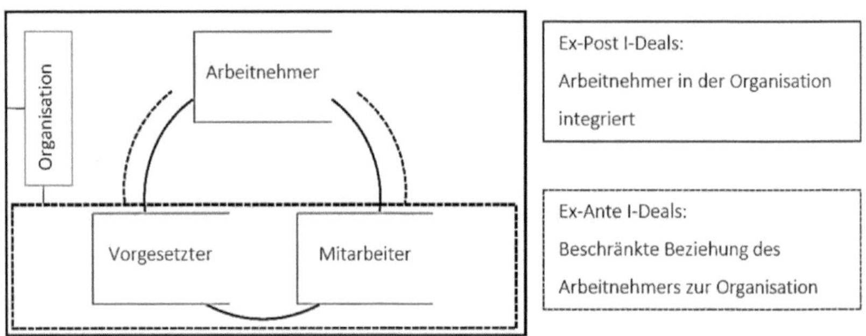

Abbildung 1: Verhältnis der Schlüsselakteure in Ex-ante I-Deals und Ex-post I-Deals

Motive für Arbeitnehmer I-Deals zu negoziieren sind eng verbunden mit der Balance zwischen Arbeit und Freizeit. Aber auch eine sichere professionelle Zukunft und an den Arbeitnehmer angepasste Arbeitsbedingungen gehören zu den Gründen, über individuelle Arbeitsverhältnisse zu verhandeln (Hornung, Rousseau, & Glaser, 2009). Entsprechend können I-Deals nach ihrem Inhalt gruppiert werden. Der Inhalt wird ferner bestimmt von den jeweiligen Arrangements oder von den Ressourcen, die beim Abschluss des I-Deals involviert sind. Gemäss Rosen, Slater, Chang, & Johnson (2013) können I-Deals verschiedenste Formen annehmen und die Identifikation ihres Inhalts wird nur von der Variabilität der I-Deals innerhalb der Arbeitsdomäne begrenzt. Aufgrund dieser Vielfältigkeit haben Hornung et al. (2010) und Rosen et al. (2013) Varianten oder Ausprägungen von I-Deals erforscht, mit sich teils überschneidenden und teils unterschiedlichen Ergebnissen.

In dieser Arbeit wird fortan weitestgehend nur Bezug genommen zu den identifizierten I-Deals von Rosen et al. (2013), da ihre Skala methodisch korrekt entwickelt ist und ihre Argumentation schlüssiger zu sein scheint. Im folgenden Abschnitt wird Auskunft über die aktuelle Unterteilung von I-Deals gegeben sowie darüber aufgeklärt, welchen Einfluss sie auf Arbeitseinstellungen und weitere relevante Konstrukte haben.

2.1.1 Flexibilitäts I-Deals

Rosen et al. (2013) identifiziert unter anderem Flexibilitäts I-Deals und unterteilt diese als jeweils eigenständige Dimensionen, in «schedule flexibility» I-Deals und «location flexibility» I-Deals. «Schedule flexibility" I-Deals erlauben es Arbeitnehmern ihre Arbeit so einzuteilen, wie es für sie passend ist, während «location flexibility»
I-Deals eine Dimension darstellen, die es Mitarbeitern erlaubt, ausserhalb des eigentlich vorgesehenen Arbeitsplatzes zu arbeiten (Liao et al., 2014). Beispielsweise möchte ein Mitarbeiter aufgrund familiärer Verpflichtungen nur vormittags im Büro arbeiten, während die restliche Arbeit zuhause erledigt werden soll, dabei ist er in seiner Zeitplanung freigestellt. Entsprechendes Beispiel hätte konkludent zu vorigen Definitionen sowohl einen «schedule flexibility» I-Deal als auch einen «location flexibility» I-Deal zum Inhalt. Es zeigte sich, dass «schedule flexibility" I-Deals zu den am häufigsten vorkommenden I-Deals gehören. Sie erreichten in der Studie von Rosen et al. (2013) einen Anteil von 52% am Gesamtanteil an geschlossenen Arrangements, während «location flexibility» I-Deals mit 22% am schwächsten vertreten waren. Die Daten für die Häufigkeitsverteilungen und für die folgenden Angaben stammen aus verschiedenen Samples, bestehend aus Total N = 476 Teilzeit arbeitenden Studenten sowie Angestellten verschiedenster Unternehmen aus unterschiedlichen Branchen.

Für die Praxis jedoch relevanter als reine Häufigkeitsverteilungen sind die Verbindungen zwischen I-Deals und Arbeitseinstellung, die je nach Inhalt des I-Deals variieren können. Es wurde von Harrison, Newman, & Roth (2006) beschrieben, dass die Arbeitseinstellung ihrerseits korreliert mit Leistung, Arbeitskraftwechsel und Fehlzeiten von Arbeitnehmern. Dies bedeutet, dass eine gute Arbeitseinstellung zu wünschenswertem Output für eine Organisation führt. Zwei Faktoren, welche die Arbeitseinstellung als Ganzes repräsentieren, sind Arbeitszufriedenheit und organisationales Commitment. In dieser Studie von Rosen et al. (2013) wird organisationales Commitment in drei Sub-Gruppen unterteilt. Affektives organisationales Commitment (AOC) beschreibt die emotionale Gebundenheit, die Identifikation und das Mitwirken eines Arbeitnehmers mit der Organisation. Kontinuativ organisationales Commitment (COC), sagt aus, wie hoch das Commitment stützend auf Kosten ist, welche mit dem Verlass einer Organisation verbunden sind, während normativ organisationales Commitment die Verpflichtungsgefühle des Arbeitsnehmers in der Organisation zu verweilen, beschreibt (Allen & Meyer, 1990).

«Schedule flexibility» I-Deals wurden als Prädiktor für mittelfristige Arbeitszufriedenheit identifiziert (Ho & Tekleab, 2013; Rosen et al., 2013). In der erhobenen Zeitspanne von 10 Wochen war dies sowohl bei jungen Arbeitnehmern, angestellt in überwiegend Teilzeitjobs, als auch bei Vollzeitangestellten mit einer längeren Anstellungsdauer der Fall. Bei letzterer Gruppe konnte im Unterschied zu den jungen Arbeitnehmern mit kürzerer Anstellungsdauer auch eine positiv signifikante Korrelation zu Organisationalem Commitment als Ganzes nachgewiesen werden (Rosen et al., 2013). Einen positiven Bezug zu Affektivem Commitment konnte hingegen jedoch mehrfach nachgewiesen werden (Liu, Lee, Hui, Kwan, & Wu, 2013; Rosen et al., 2013; Ho & Tekleab, 2013). Weiter korrelieren «schedule flexibility» I-Deals positiv mit «organizational citizenship behaviour» (OCB) (Anand, Vidyarthi, Liden, & Rousseau, 2010) und negativ mit Arbeit-Familien Konflikt (Hornung et al., 2008). Hornung et al. (2008) bestätigt seine Hypothese, dass «schedule flexibility» I-Deals mit niedrigerer Performance in Verbindung stehen. Erklärt wird dieser Umstand dadurch, dass Arbeitnehmer mit dieser Art von I-Deals vermehrt die Ausbalancierung des Arbeits- und Privatlebens in den Vordergrund stellen und entsprechend wenig Druck verspüren, ihre Performance auf der Basis von Reziprozität zu steigern. Gleichzeitig ist jedoch anzumerken, dass die untersuchte Organisation bereits generell flexibles Arbeiten in zeitlicher und örtlicher Ausdehnung erlaubte, was dazu führen könnte, dass I-Deals eher als normativ als idiosynkratisch gesehen werden und damit keinen signalisierenden Wert mehr haben (Hornung et al., 2008). I-Deals betreffend Ortsflexibilität stehen jedoch nicht oder nur schwach mit Arbeitseinstellungen in Verbindung (Rosen et al., 2013).

2.1.2 Task I-Deals

Ein «Task» I-Deal im weiteren Sinne nach Rosen et al. (2013) stellt eine Kombination dar aus den von Hornung et al. (2010) und Rousseau und Kim (2006) vorgeschlagenen Dimensionen der «development» I-Deals und «task»

I-Deals im engeren Sinne. Erstere beschreiben mit ihrem Inhalt speziell offerierte Gelegenheiten, die dem Arbeitnehmer die Erweiterung und den Gebrauch von Wissen und Fähigkeiten sowie das Verfolgen von aufstiegsfördernden Massnahmen erlauben. «Task» I-Deals im engeren Sinne bezeichnen Abkommen, die Individuen aushandeln, um den Inhalt des ausgeübten Jobs abzuändern oder gar selbst zu gestalten (Liao et al., 2014). Entgegen der Ansicht von Hornung et al. (2010) begründet Rosen et al. (2013) die Kombination damit, dass beide Inhalte umschreiben, was ein Arbeitnehmer in seinem Job tun möchte. Man solle sich dabei weniger danach richten, weshalb über den Jobinhalt verhandelt wird, wie das von Hornung et al. (2010) vorgeschlagen wird. Mit einer Häufigkeit von 38% stellen «task» I-Deals in der Studie von Rosen et al. (2013) die zweithäufigste Art dar und sind zusammen mit «schedule flexibility» I-Deals die wichtigsten Prädiktoren für Jobzufriedenheit. Sowohl im Sample mit vorwiegend jungen Arbeitnehmern als auch im Sample mit Probanden einer höheren Anstellungsdauer korrelieren «task» I-Deals neben Jobzufriedenheit auch hoch mit Organisationalem Commitment. Weitere Studien zeigen ein ähnliches Bild. So sind «Task» I-Deals mit höherer Arbeitsleistung und niedrigeren Mitarbeiterfluktuationen verbunden (Ho & Tekleab, 2013; Hornung, Rousseau, Weigl, Mueller, & Glaser, 2014; Rosen et al., 2013). Vor der Einführung der Skala von Rosen et al. (2013) wurden «development» I-Deals, als jetziger Teil von «task» I-Deals, positiv in Verbindung gebracht mit Arbeit-Familien Konflikten (Hornung et al., 2008).

2.1.3 Financial incentive I-Deals

«Financial incentive» I-Deals können als Arrangement für angepasste Kompensation betrachtet werden, welche individuellen Bedürfnissen gerecht werden sollen (Liao et al., 2014). Mit einer Häufigkeit von 28% Prozent sind sie in der Studie von Rosen et al. (2013) nur knapp zahlreicher als «location flexibility» I-Deals. «Financial incentive» I-Deals korrelieren in beiden Teilsamples mit Jobzufriedenheit, jedoch sind sie insgesamt am schwächsten, was das Vorhersagen von Arbeitseinstellung anbelangt. Dies führt zu der Aussage, dass «financial incentive» I-Deals nicht mit Arbeitseinstellung korrelieren (Rosen et al., 2013). Anzufügen ist, das anhin jedoch nur wenig Forschungsergebnisse zu dieser Dimension verfügbar sind.

Die Analyse der verschiedenen Dimensionen von I-Deals durch Rosen et al. (2013) zeigt konkludent zur selbigen Annahme, dass verschiedene I-Deals unterschiedliche Beziehungen zu den Outcomes, wie Arbeitnehmermotivation und Arbeitseinstellungen haben. Das ist für Organisationen von erheblicher Bedeutung (Ho & Kong, 2015; Hornung et al., 2009). Die Daten sind aufgrund der Komplexität nochmals graphisch dargestellt in Abbildung 2.

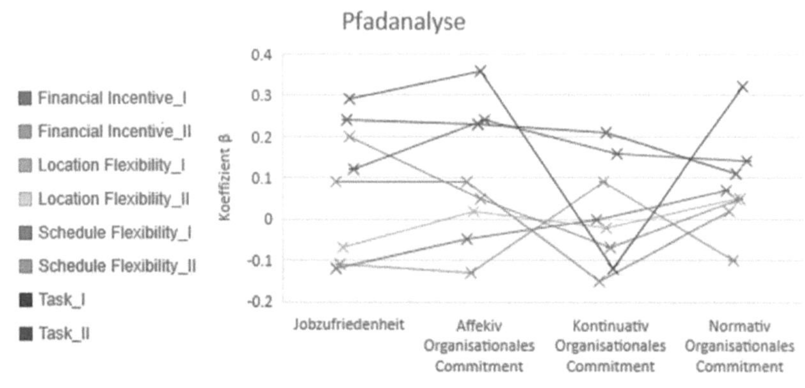

Abbildung 2. Graphische Darstellung der Pfadanalyse (Rosen et al., 2013). Die Stichprobe I hat einen Altersdurchschnitt von 21.4 Jahren und eine durchschnittliche Anstellungsdauer von 16.2 Monaten, Die Stichprobe II einen Altersdurchschnitt von 43.02 Jahren und eine mittlere Anstellungsdauer von 110.9 Monaten (Rosen et al., 2013).

2.2 Messungen

I-Deals können anhand zweier Attribute gemessen und unterteilt werden. Es wären dies die zeitliche Dimension in Form von Ex-ante und Ex-post I-Deals sowie die inhaltlichen Dimensionen. Die ursprüngliche Skala von Rousseau und Kim (2006), die in Variation auch von Hornung et al. (2010) verwendet und durch «task» I-Deals erweitert wurde, misst sowohl das Timing, als auch die inhaltlichen Dimensionen von I-Deals. Diese Skala berücksichtigt folglich die Dimensionen von «flexibility», «development», «task» und «workload-reduction» I-Deals. Obwohl sie bei einigen Forschern Anklang und damit Anwendung findet, scheint sie in verschiedenster Hinsicht ungenügend ausgearbeitet zu sein. Liao et al. (2014) beanstandet das Fragen-Set, wie es von Rousseau und Kim (2006) verwendet wird. Insbesondere das Item «asked for and successfully negotiated individual arrangements different from their peers» (Rousseau & Kim, 2006, S. 13) wird kritisiert, da es Arbeitnehmer, die nicht gefragt haben, und Arbeitnehmer, die nicht erfolgreich verhandelt haben, nicht differenziert. Beide Gruppen würden voraussichtlich denselben Wert (bspw. «überhaupt nicht») auf einer Evaluations-Skala erreichen, obwohl die Standpunkte und Verhaltensweisen unterschiedlich sind.

Es wird vorgeschlagen, dass die möglichen Antworten um zwei Optionen erweitert werden, welche erfassen sollen, ob ein I-Deal erfragt wurde oder nicht (Liao et al., 2014), und ob erfolgreich negoziiert wurde oder nicht (Hornung et al., 2010).

Abgesehen davon, dass die Skala von Rousseau und Kim (2006) nicht nach Gütekriterien der Testentwicklung entwickelt worden ist (Liao et al., 2014), werden weitere, unter anderem auch daraus resultierende Kritikpunkte vorgebracht. Es wird kritisiert, dass die verschiedenen Dimensionen von I-Deals nicht akkurat reflektiert werden, was mit inhaltstheoretischen und statistischen Überlegungen begründet wird (Rosen et al., 2013). So werden beispielsweise die Dimensionen der örtlichen Flexibilität und der finanziellen Anreize, obwohl in der Literatur vorhanden und identifiziert, nicht weiter untersucht, während «workload-reduction» I-Deals statistisch nicht unabhängig sind von weiteren Dimensionen, wie etwa der zeitlichen Flexibilität (Rousseau, 2005; Rosen et al., 2013; Rousseau et al., 2006).

Rosen et al. (2013) haben sodann eine reliable und valide Skala mit multidimensionaler Faktorenstruktur entworfen, entsprechend dem nomologischen Netzwerk von I-Deals. Während «workload-reduction» I-Deals aus zuvor genannten Gründen nicht mehr miteinbezogen werden, sind die Dimensionen der Ortsflexibilität und der finanziellen Anreize nun berücksichtigt. Es resultiert, nach der Elimination einiger Items aufgrund der Resultate einer Faktorenanalyse, eine 16 Item Skala. Sechs Items erheben Aufgaben- und Arbeits-Verantwortlichkeiten, wie zum Beispiel das Item «I have negotiated with my supervisor for tasks that better fit my personality, skills, and abilities» (Rosen et al., 2013, S. 717). Fünf Items wurden geschrieben um finanzielle Anreize zu erfassen. Ein Beispiel-Item lautet «After my initial appointment, I negotiated with my supervisor to develop a financial incentives plan that rewards my unique contributions» (Rosen et al., 2013, S. 718). Lediglich drei Items erfassen Zeitplanungsflexibilität und zwei Items haben zum Ziel, die Ortsflexibilität zu erfassen (Rosen et al., 2013). Für die Evaluation von Zeitplanungsflexibilität und Ortsflexibilität lassen sich die Items «At my request, my supervisor has accommodated my off-the-job demands when assigning my work hours», respektive «I have negotiated a unique arrangement with my supervisor that allows me to complete a portion of my work outside of the office» (Rosen et al., 2013, S. 718), nennen. Die vier Faktoren «task» I-Deals, «schedule flexibility» I-Deals, «location flexibility» I-Deals und «financial incentive» I-Deals erklären mit ihren Items in der Studie von Rosen et al. (2013) 65%

der Gesamtvarianz. Es ist denn auch ein wesentlicher Vorteil dieser Skala, dass Inhalts- und Kriteriums- Validität durch die traditionelle und konventionelle Skalenentwicklung zufriedenstellend sind. Ein weiterer Gewinn dieser Skala ist die Berücksichtigung, ob ein I-Deal erfragt wurde oder nicht, und ob erfolgreich negoziiert wurde oder nicht (Rosen et al., 2013).

2.3 Abgrenzung und ähnliche Konstrukte

Die umfassende Erklärung der Kernelemente und Strukturen von I-Deals ermöglicht es, Vergleiche zu ähnlichen Konstrukten herzuleiten und/oder abzugrenzen. Konkret werden I-Deals von Job Crafting, Negoziation sowie psychologischen Verträgen abgegrenzt, da ihre Konstrukte teils doch sehr ähnlich sind und ihre Begrifflichkeiten ebenfalls im Organisationskontext auftauchen (Liao et al., 2014).

2.3.1 Job Crafting

«Wenn Arbeitnehmer keine optimalen Jobdesigns zu Eigen haben, ergreifen sie Massnahmen dies zu ändern» (Rofcanin et al., 2015, S. 2698). Als solche Massnahme präsentiert sich auch Job Crafting. Job Crafting wird von Wrzesniewski und Dutton (2001) definiert als «die physikalischen und kognitiven Veränderungen durch Individuen an ihrer Arbeit oder relationalen Grenzen ihrer Arbeit» (S. 179). Etwas weniger technisch ausgedrückt, beschreibt Job Crafting den Prozess, mehrere Elemente der momentanen Arbeit oder damit verbundene Aspekte zu ändern (Wrzesniewski & Dutton, 2001). Dieser Prozess basiert auf Eigeninitiative und benötigt keine Genehmigung eines Vorgesetzten, was gleichzeitig ein Schlüsselelement in der Unterscheidung von I-Deals zu Job Crafting ist (Parker & Collins 2010). I-Deals werden mit dem Vorgesetzten negoziiert, um angepasste Arbeitsverhältnisse zu erlangen (Hornung et al., 2010). Dieser Unterschied ist ausschlaggebend für die Operationalisierung beider Konstrukte (Liao et al., 2014). Er ist auch für die Praxis relevant, da Job Crafting Probleme verursachen könnte, wenn eigenständige Änderungen für den Arbeitgeber dysfunktional sind (Hornung et al., 2010). Der Prozess der Negoziation als Teil von I-Deals gestattet hingegen gleichzeitig die Sicherstellung der Funktionalität des Arbeitsarrangements in Übereinstimmung mit Organisationszielen, wie auch die Erfüllung von individuellen Arbeitsbedingungen nach Bedarf des Arbeitnehmers (Hornung et al., 2014). Aus der vorigen Information diffundieren bereits auch einige konzeptuelle Parallelen zwischen den Konstrukten I-Deals und Job Crafting. Beide sind Beispiele für proaktives Verhalten und persönliche Initiative im Organisationskontext, die zum

Ziel haben Anstellungskonditionen zu verändern, indem eine höhere Passung zwischen den jeweilig eigenen Attributen und dem Arbeitsumfeld geschaffen wird. Entsprechend haben sie nicht denselben Top-Down Prozessansatz, wie das klassische Jobdesign (Liao et al., 2014; Rofcanin et al., 2015).

2.3.2 Negoziation

Negoziation wird definiert als «Interpersonaler Entscheidungsprozess, bei welchem sich zwei oder mehr Personen einigen, wie rare Ressourcen zu verteilen sind» (Thompson, 2000, S. 2). Von vielen wird dieses Konstrukt deswegen als ein zentraler Aspekt in Organisationen gesehen (Kim, Pinkley, & Fragale, 2005). Als angepasste Arbeitsarrangements gehören I-Deals typischerweise auch in die Kategorie der raren Ressourcen und tatsächlich werden I-Deals auch mit dem Vorgesetzten negoziiert. I-Deals haben also mit generellen Negoziationen insofern etwas gemein, als dass die Negoziation als Teil des Verhandlungsprozesses von I-Deals gesehen werden kann (Liao et al., 2014). I-Deals werden jedoch Attribute zugeschrieben, die über gewöhnliche Negoziationen hinausgehen. So werden I-Deals ausschliesslich individuell ausgehandelt und vor allem sind sie beidseitig vorteilhaft, was bei gewöhnlichen Negoziationen kein zwingender Faktor ist (Rosen et al., 2013).

2.3.3 Psychologischer Vertrag

Zuletzt müssen auch psychologische Verträge von I-Deals unterschieden werden. «Psychologische Verträge sind allgemein definiert als wechselseitige Erwartungen und Verpflichtungen zwischen Arbeitgeber und Arbeitnehmer, die über den juristischen Arbeitsvertrag hinaus bestehen» (Rousseau, 1995, S. 9). Raeder & Grote (2005) erklärt, dass die impliziten Erwartungen und Verpflichtungen, die in Freiräumen durch Flexibilisierungsprozesse entstehen, mittels psychologischer Verträge erfasst werden können. Psychologische Verträge sind somit konträr zu I-Deals keine eigentlichen Arbeitsarrangements, welche ein Arbeitnehmer aushandelt, sondern vielmehr subjektive Vorstellungen des Arbeitnehmers über die Arbeitsbedingungen und deren Kontext, wie beispielsweise Entwicklungsmöglichkeiten (Zhao, Wayne, Glibkwoski, Bravo, 2007; Raeder & Grote, 2005). Idiosynkratische Anstellungsverhältnisse könnten jedoch ursächlich sein, dass Individuen andersartige psychologische Verträge schaffen (Rousseau, 1995; Rousseau et al., 2006). Umgekehrt ist es ebenfalls möglich, dass subjektive Vorstellungen im Rahmen des psychologischen Vertrages dazu führen, dass ein Angestellter bestrebt ist einen I-Deal zu schliessen (Rousseau 2005). I-Deals und psychologische

Verträge sind folglich nicht gänzlich unabhängig voneinander, auch teilen sie den gleichen zugrundeliegenden Erklärungsmechanismus, namentlich die Social Exchange Theorie (Liao et al., 2014).

2.4 Theoretischer Hintergrund

Hauptsächlich haben I-Deals ihre theoretische Verankerung in der Social Exchange Theorie. Zur Ausleuchtung des theoretischen Hintergrundes kann es jedoch lohnenswert sein, erst kürzlich eingebrachte Theorien anzuschauen. Nicht zuletzt auch, weil etablierte Forscher auf diesem Gebiet vermehrt die Einseitigkeit der theoretischen Fundierung betonen (Ho & Kong, 2015; Liao et al., 2014). Neben der Einbettung von I-Deals in die Social Exchange Theorie wird deswegen auch die Self Enhancement Theorie und Signaling Theorie miteinbezogen. Sie werden dabei als komplementäre Theorien vorgeschlagen und steht nicht in direkter Konkurrenz mit der Social Exchange Theorie. Die Social Exchange Theorie im Rahmen von I-Deals geht vom zentralen Grundsatz aus, dass Individuen zu reziproken Einbringungen neigen mit Partnern, zu denen eine Beziehung besteht, hier dem Arbeitgeber. Angewandt in anderen Worten bedeutet dies, dass ein Arbeitgeber mit I-Deals die Grundlage schafft für Reziprozität seitens der Arbeitnehmer (Blau 1964; Liao et al., 2014; Liu et al., 2013). Konkret signalisiert ein Arbeitgeber mit I-Deals eine Art organisationale Unterstützung, soziale Anerkennung und Investition in die Arbeitnehmer, was wiederum das Affektive Commitment und proaktives Verhalten des Arbeitnehmers verstärkt (Liu et al., 2013). Während Ex-post I-Deals momentan verbreitet mit der Social Exchange Theorie erklärt werden, ist dies bei Ex-ante I-Deals nur bedingt möglich, da noch kein Austausch stattgefunden hat und lediglich eine beschränkte Beziehung des Arbeitnehmers zur Organisation besteht. Dies wird unter anderem auch in der Studie von Rousseau et al. (2006) bestätigt. Bei Ex-ante I-Deals spielen vor allem Charakteristiken, wie Wissen, Fähigkeiten und generell Fertigkeiten eines Kandidaten, welche ihren Marktwert widerspiegeln, eine wichtige Rolle (Liao et al., 2014). Allerdings zeigte sich, dass Social Exchange nur vermittelnde Effekte auf den Outcome hat von I-Deals bei Arbeitnehmern, die niedrig-Individualisten sind, während die Effekte von individualistisch ausgerichteten Arbeitnehmern besser mit der Self Enhancement Theorie erklärt werden konnten. Die Self Enhancement Theorie schlägt vor, dass I-Deals einen besseren Outcome hervorrufen, indem sie das Selbstwertgefühl heben (Liu et al., 2013). Die Signaling Theorie ist wiederum ein anderer Ansatz, die I-Deals als positiv signalgebende Instrumente in einem Arbeitsverhältnis versteht

(Ho & Kong, 2015; Rousseau et al., 2006). Sie stützt sich also auf das kompetenz-signalisierende und motivierende Potenzial, das I-Deals zugrunde liegt.

3 Ebenenspezifische Integrationsvoraussetzungen

Individuelle wie auch standardisierte Anstellungsverhältnisse führen nicht immer zu wünschenswerten Ergebnissen. Es gilt diverse Einflüsse zu beachten, damit eine Integration von idiosynkratrischen Deals im Organisationskontext erfolgreich sein kann. Im Folgenden wird die ebenenspezifische Integration unterteilt in die individuelle, die Gruppen- und die organisationale Ebene. Jede dieser Ebenen beinhaltet verschiedene Konstrukte, anhand derer sich zumindest begrenzt evaluieren lässt, ob eine Integration Erfolg haben kann oder nicht. Eine erfolgreiche Einbindung von I-Deals aus Sicht der Organisation würde sich etwa dadurch auszeichnen, dass das Arbeitsarrangement sowohl für die Organisation selber, als auch den Arbeitnehmer vorteilhafte Konsequenzen zeigt, etwa in Form von verstärktem organisationalem Commitment (Hornung et al., 2008; Rosen et al., 2013; Ho & Tekleab, 2013), Arbeitszufriedenheit der Arbeitnehmer (Rosen et al., 2013), höherer Mitarbeiterperformance durch gesteigerte Motivation (Hornung et al., 2008), Akzeptanz des I-Deals von Mitarbeitern (Greenberg et al., 2004; Lai, Rousseau, & Chang, 2009), bessere Arbeitskraftretention oder gar gesteigerte Möglichkeiten in der An-, respektive Abwerbung von neuen Arbeitnehmern (Hornung et al., 2009), ohne dass stark aufwiegende, negative Effekte dies zunichtemachen. Aus Sicht der/s Vorgesetzten bedeutet eine erfolgreiche Integration grundlegend dasselbe wie für den Arbeitgeber, da sie oder er als erweiterter Arm der Organisation handelt. Es sollte somit im Sinne des Vorgesetzten sein die Interessen der Organisation zu vertreten, andernfalls ist ein Arbeitsarrangement möglicherweise nicht mehr vorteilhaft für den Arbeitgeber oder sogar schädlich (Greenberg et al., 2004; Pearce, Branyiczki, & Bigley, 2000). Im Sinne des Arbeitnehmers zeichnet sich eine erfolgreiche Integration unter anderem aus durch höhere Arbeitszufriedenheit (Rosen et al., 2013), mehr Unterstützung bei arbeitsrelevanten Zielverfolgungen, respektive die Ermöglichung der Entwicklung von Fähigkeiten und Wissen (Liu et al., 2013), mehr Flexibilität, weniger Arbeit-Familien Konflikten (Hornung et al., 2008), verbessertes wirtschaftliches Fortkommen, besseren Einsatz der eigenen Fähigkeiten, grössere empfundene Wertschätzung durch die Organisation (Liu et al., 2013) und/oder Akzeptanz des Arrangements durch Arbeitskollegen (Greenberg et al., 2004; Lai et al., 2009). Der Schlüssel zu einer erfolgreichen Integration liegt in Wegen, in denen die Organisation, der Arbeitnehmer mit I-Deal, wie auch die weiteren Mitarbeiter einen I-Deal als «win-win-win» oder zumindest «win-win-neutral» Situation betrachten können (Rousseau, 2005).

Dieser Abschnitt erläutert eine Auswahl an Konstrukten, wie das Ziel der erfolgreichen Integration zu erreichen ist. «Tabelle 1» zeigt davon eine Übersicht. Es werden auch die Schwachstellen und Lücken der jeweiligen Forschungen aufgezeigt, um ein möglichst praxisnahes Abbild zu erhalten, immer vor dem Hintergrund, dass I-Deals für den Arbeitgeber von Bedeutung, im Sinne der Retention, Anwerbung oder Motivation von Arbeitnehmern, sind.

Tabelle 1. Übersicht über ebenenspezifische Integrationsfaktoren

Ebene	Konstrukte / Faktoren			
Individuelle Ebene	Persönliche Initiative (aPI)	Politische Skills	Emotionale Intelligenz	Leader-Consideration
Gruppenebene	Akzeptanz	LMX	-	-
Organisationale Ebene	Kontextuelle Faktoren	-	-	-

* Notiz: Eine Auswahl an Konstrukten und Faktoren, welche die Integration von I-Deals beeinflussen. LMX = «leader-member exchange»

3.1 Individuelle Ebene

Auf der individuellen Ebene werden Persönlichkeitsaspekte, Fähigkeiten, sowie Verhaltensweisen von Arbeitnehmern und Vorgesetzten, die mit erfolgreichem Abschluss von I-Deals in Verbindung stehen, erfasst. Es stehen dabei weniger Interaktionen zwischen Verhandlungsparteien (bspw. LMX), als vielmehr personengebundene Faktoren im Vordergrund, die den Schluss von I-Deals begünstigen. Liao et al. (2014) gruppiert diese personengebundenen Charakteristiken in einem Multilevel Modell als Antezedenzien. Darunter werden auf Seiten des Vorgesetzten das Verhalten und die Persönlichkeit der Führungskraft und der Führungsstil subsumiert. Proaktive Persönlichkeit, soziale Fähigkeiten, Initiative, emotionale Intelligenz (Huang & Niu, 2009, zit. n. Liao et al., 2014, S. 16) und demographische Angaben werden auf Seiten des Arbeitnehmers genannt. Es stellt sich hier die Frage, weshalb sie bei der Integration wichtig sind. Anhand dreier Arbeiten soll sowohl arbeitsnehmerseitig als auch vom Standpunkt des Vorgesetzten aus aufgezeigt werden, welchen Einfluss sie haben. Anhin wird bei Forschung, die personengebundene Faktoren miteinbeziehen, hauptsächlich darauf fokussiert, welche Rolle sie bei der erfolgreichen Negoziation haben und welche Faktoren eine Negoziation begünstigen (bspw. Hornung et al., 2008, 2011; Liao et al., 2014; Rosen et al., 2013).

3.1.1 Fokus Arbeitnehmer

Die Studie von Hornung et al. (2008) untersucht Bedingungen, welche die Wahrscheinlichkeit erhöhen, erfolgreich einen I-Deal zu negoziieren. Dabei untersuchen sie neben personengebundenen Faktoren auch organisationale Faktoren. Diese erste Studie prüft die Hypothese, dass persönliche Initiative (PI) von Arbeitnehmern positiv korreliert zur Negoziation von «schedule flexibility» und «development» I-Deals (Hornung et al., 2008). So lautet eine der gestellten Hypothesen: «Employee PI is positively related to negotiation of flexibility i-deals and development i-deals» (Hornung et al., 2008, S. 656). Rousseau (2005) erklärt, dass verschiedene Gründe dazu führen können, dass Arbeitnehmer individuelle Arrangements aushandeln möchten und nennt als Beispiel die Erkennung des eigenen Wertes für die Organisation oder Bedürfnisse, die abweichend von Kammeraden sind. In jedem Falle ist jedoch unabdingbar, dass Arbeitnehmer ihre Begehren äussern und dafür aktiv spezielle Anstellungsbedingungen aushandeln oder erfragen. Folgerichtig gilt die Negoziation von I-Deals als eine Form proaktiven Verhaltens, welches in hiesigem Kontext durch das Konzept der persönlichen Initiative verkörpert wird (Hornung et al., 2008). Persönliche Initiative wird definiert als Verhaltensmuster, das darin resultiert, dass ein Individuum einen aktiven und selbst startenden Ansatz betreffend Arbeitszielen und -aufgaben besitzt, um Hindernisse und Rückschlage zu überkommen, welche während der Verfolgung eines Zieles auftreten (Frese, Fay, Hilburger, Leng, & Tag, 1997). Arbeitnehmer mit hoher persönlicher Initiative sollten deshalb prädisponiert sein im Aushandeln von Arrangements, die ihm selbst und dem Arbeitgeber nützen (Hornung et al., 2008). Im Vergleich zu Arbeitnehmern mit niedrigerer persönlicher Initiative sollten sie eher befähigt sein, I-Deals zu erfragen, was darin resultiert, dass ein Ungleichgewicht in der Menge an vergebenen Arrangements, zugunsten der proaktiven Mitglieder einer Organisation entstünde. Die Daten für die Studie wurden als Teil einer Evaluation über den psychologischen Einfluss von neuen Arbeitsarrangements in einer öffentlichen Steuerverwaltung in Deutschland mittels eines Fragebogens erhoben. Da es sich um einen staatlichen Arbeitgeber handelt, sind viele Aspekte innerhalb der Organisation hoch reguliert, wie etwa Job Qualifikationen, Bezahlung, Karriereweg und auch das Rentenalter. Es besteht jedoch die Möglichkeit Teilzeit zu arbeiten, wovon einige Arbeitnehmer auch Gebrauch machten. Als zusätzliche Rahmenbedingung ist gesagt, dass vor Studienbeginn ein Telearbeit Programm eingeführt wurde, welches es erlaubte auch ausserhalb des Organisationssitzes zu arbeiten. Das von Hornung et al. (2008) verwendete Sample besteht aus den Daten von 887 Angestellten, die den Fragebogen vollständig und freiwillig während der Arbeit ausfüllen konnten. Das Sample beinhaltet vier Subgruppen: Heimarbeiter (Buchhaltung - Telearbeit), Büroangestellte (Kontrollgruppe, Buchhaltung - Büro), Heimarbeiter im Aussendienst (Aussendienst - Telearbeit), Büroangestellte im Aussendienst (Kontrollgruppe, Aussendienst - Büro). Die Kontrollgruppen wurden von der Personalabteilung auf der Basis von Job Gleichartigkeit und demographischer Ähnlichkeit ausgewählt. Alle Angestellten haben eine hohe Anstellungsdauer, die gruppenabhängig zwischen 15,8 und 18,1 Jahre im Durchschnitt beträgt. Das mittlere Alter beträgt über alle Gruppen hinweg 43.6 Jahre. Es konnten durch Chi-square Tests und t-Tests keine signifikanten Unterschiede in der Gruppenzusammensetzung (Geschlecht, Arbeitspensum, Alter, Anstellungsdauer) zwischen Telearbeiter und gewöhnlichen Arbeitnehmern festgestellt werden. Für die Erhebung von PI verwendet Hornung et al. (2008) die originale Version der sieben Item Skala von Frese et al. (1997). Ein Item lautet etwa «Whenever there is a chance to get actively involved, I take it» (Frese et al., 1997, S. 161). Die deutsche Version der Skala von Rousseau und Kim (2006) erfasst das Ausmass, in welchem ein Arbeitnehmer in seinem jetzigen Job nach einem individuellen Arrangement, das sich von weiteren Mitarbeitern unterscheidet, gefragt und dieses erfolgreich negoziiert hat. Dabei berücksichtigt Hornung et al. (2008), «development» I-Deals und «schedule flexibility» I-Deals, während davon nur solche bedacht werden, die während eines laufenden Arbeitsverhältnisses geschlossen werden. I-Deals, die während der Bewerbung, also vor Zustandekommen eines festen Anstellungsverhältnisses, negoziiert werden, sind nicht berücksichtigt. Weitere Daten, die parallel erhoben werden, sind Teilzeitarbeit, Telearbeit, Aussendienst, Affektives Commitment, erhöhte Leistungserwartungen, Arbeit-Familien Konflikt, Überstunden und demographische Angaben. Die Hypothesentestung, anhand der erhobenen Daten, wird mit einem Strukturgleichungsmodell durchgeführt, welches es erlaubt, korrelative Beziehungen zwischen abhängigen und unabhängigen Variablen zu identifizieren. Als signifikante Kontrollvariablen werden Alter und Geschlecht mitberücksichtig. Frauen erhalten eher «schedule flexibility» I-Deals und Alter korreliert negativ mit beiden berücksichtigten Dimensionen. Die Kontrollvariable Anstellungsdauer steht in dieser Studie nicht mit dem Erhalt eines I-Deals in Verbindung (β = -.04). Letzterer Befund ist, trotz der abweichenden inhaltlichen Dimensionsdefinitionen von I-Deals, konsistent mit den Resultaten von Rosen et al. (2013), welcher abgesehen von der Beziehung zu «financial incentive» I-Deals, keine signifikante Korrelation mit der Anstellungsdauer zeigen konnte. Die Prüfung der hier primär interessierenden Hypothese, dass PI positiv mit der Negoziation von «schedule flexibility» und «development» I-Deals korreliert, wird durch Pfadanalysen von PI zu der jeweiligen Dimension gelöst (Hornung et al., 2008). Es zeigen sich positive Effekte sowohl auf «schedule flexibility» I-Deals (β = .10, ρ < .01) als auch auf «development» I-Deals (β = .13, ρ < .01). Diese Befunde stützen die gestellte Hypothese vollständig und implizieren, dass Arbeitnehmer mit höherer persönlicher Initiative vermehrt I-Deals erhalten. Es ist damit von Vorteil für beide Seiten, wenn ein Arbeitnehmer Initiative zeigt, wenn man bedenkt, dass I-Deals beidseitig vorteilhaft sein sollen.

Die Studie von Rosen et al. (2013) kann, nebst der aufwändigen Skalenentwicklung, in gewisser Hinsicht als eine Wiederholungsstudie der Forschung von Hornung et al. (2008) gesehen werden. Denn auch ihr Ziel ist es, theoretisch relevante Antezedenzien im Zusammenhang mit der erfolgreichen Negoziation von I-Deals zu prüfen und die Outcomes von spezifischen I-Deals zu evaluieren. Aber es gibt einige Unterschiede und sie bringt auch neue Aspekte mit ein. Das Ziel der Studie ist, Antezedenzien zu identifizieren, die mit der erfolgreichen Negoziation von I-Deals in Verbindung stehen (Rosen et al., 2013). Sie fokussiert dabei neben Anstellungsdauer und LMX auf einen weiteren personengebundenen Faktor, den politischen Skills eines Arbeitnehmers. So lautet eine ihrer Hypothesen: «Political skill will be positively related to i-deal negotiation» (Rosen et al., 2013, S. 720). Diese, zur Erforschung gewählte Antezedenz, wird aufgrund der Überlegung herausgefiltert, dass Arbeitnehmer, die wertvoller sind, bessere Verhandlungsfähigkeiten haben oder sich in einer besseren Position für Verhandlungen befinden, grössere Chancen haben einen I-Deal zu erhalten. Politische Skills werden definiert als "ability to effectively understand others at work, and to use such knowledge to influence others to act in ways that enhance one's personal and/or organizational objectives" (Ahearn, Ferris, Hochwarter, Douglas, & Ammeter, 2004, S. 311). Dabei gibt es individuelle Unterschiede in der Ausprägung. Arbeitnehmer mit starker Ausprägung dieses Merkmals besitzen entsprechend viel interpersonellen Einfluss und sozialen Scharfsinn und damit bessere Verhandlungsfähigkeiten, während denjenigen mit schwacher Ausprägung diese Attribute nicht zukommen. Rosen et al. (2013) leitet daraus ab, dass Angestellte mit politischen Skills gewillter und fähiger sind, erfolgreich I-Deals auszuhandeln. Zur Überprüfung der Hypothese werden zwei verschiedene Samples in zwei aufeinanderfolgenden Studien verwendet. Im Gegensatz zur Studie von Hornung et al. (2008) sind die Samples Branchen übergreifend und nicht innerhalb einer einzigen Institution situiert, was von Vorteil ist, da spezifische organisationale Kontexte statistisch weniger interferieren. Das erste Sample besteht aus 280 berufstätigen Wirtschaftsstudenten, mit einem durchschnittlichen Alter von 21.4 Jahren, wovon 51% weibliche Teilnehmer sind. Sie arbeiten vorwiegend Teilzeit und ihreAnstellungsdauer liegt im Mittel bei 16.2 Monaten. Alle haben im Rahmen der Datenerhebung zwei Umfragen in einem Abstand von 10 Wochen vollständig beantwortet. Dafür erhielten sie 5 Dollar sowie Kreditpunkte. Das zweite Sample setzt sich, da Bedenken über die demographische Struktur des ersten Samples bestanden, aus Arbeitnehmern zusammen, welche im Vergleich erfahrenere und, mit einem durchschnittlichen Alter von 43.02 Jahren, ältere Vollzeitangestellte sind, mit einer längeren Anstellungsdauer, die im Mittel 110.9 Monate beträgt. Dieses Sample besteht ähnlich wie ersteres aus 50% weiblichen Teilnehmern. 196 Teilnehmer, die über eine Online-Plattform rekrutiert worden sind, haben beide Umfragen in einem zeitlichen Abstand von 5 Wochen online ausgefüllt. Als Entschädigung für die Bemühungen erhielten sie 20 Dollar. Bei beiden Stichproben werden I-Deals jeweils zum Zeitpunkt der ersten als auch der zweiten Umfrage erhoben. Antezedenzien, wie politische Skills, werden nur zum ersten Zeitpunkt und die Auswirkungen von I-Deals auf AOC, NOC, COC und Job Zufriedenheit nur zum zweiten Zeitpunkt gemessen. Es werden also Antezedenzien vor I-Deals und umgekehrt Outcomes nach I-Deals gemessen. Dieses Vorgehen reduziert die Effekte der Einheitsmethodenvarianz (Podsakoff, MacKenzie, Lee, & Podsakoff, 2003) und soll kausale Beziehungen zwischen den Variablen erlauben. Das Prüfungsverfahren mittels einer Längsschnittstudie wird in vorangegangener Forschung empfohlen (Hornung et al., 2008). I-Deals werden mit der validen 16 Item I-Deals Skala von Rosen et al. (2013) gemessen, die in selbiger Forschungsarbeit entwickelt worden ist. Sie findet heute verbreitet Anwendung. Sie unterscheidet zwischen «task» I-Deals, «schedule flexibility» I-Deals, «location flexibility» I-Deals und «financial incentive» I-Deals. Politische Skills werden im ersten Sample mit der 18 Item «Political Skill Inventory» Skala (Treadway, Hochwarter, Kacmar, and Ferris's, 2005). Im zweiten Sample wird ohne Angabe von Gründen eine abweichende 6 Item Skala von Ahearn et al.'s (2004) verwendet. Die Befunde von Rosen et al. (2013) stützen die Hypothese teilweise. Politische Skills korrelieren im ersten Sample zu allen vier I-Deal Dimensionen positiv ($.13 \leq r \geq .33$). In der zweiten Stichprobe steht dieser personengebundene Faktor mit «task» I-Deals positiv in Verbindung ($r = .17$, $\rho < .05$), während zu den restlichen Dimensionen kein signifikanter Bezug hergestellt werden kann. Es bleibt offen, ob diese Abweichungen im Resultat, zwischen den beiden Stichproben, auf die Verwendung unterschiedlicher Erhebungsskalen für politische Skills zurückzuführen sind, oder ob Störvariablen vorhanden sind, die nicht berücksichtigt werden (bspw. Alter). Um die Beziehungen zwischen den Antezedenzien und den vier I-Deal Dimensionen noch besser erklären zu können, wird eine Pfadanalyse durchgeführt, bei welcher sämtliche Antezedenzien, konkret psychologische Skills, LMX, Anstellungsdauer und I-Deals, simultan berücksichtigt werden. Die Kovariation der Antezedenzien wird nicht eingeschränkt, wohingegen die Beziehung der Residuen der I-Deal Dimensionen mathematisch unterbunden wird. So lassen sich kausale Schlüsse von prädiktiven Faktoren auf I-Deals aufzeigen. Politische Skills zeigen sich im ersten Sample als signifikanter Prädiktor für «task» I-Deals (β = .20, ρ < .01) und «location flexibility» I-Deals (β = .13, ρ < .05). Im zweiten Sample, bestehend aus Teilnehmern einer höheren Anstellungsdauer, prognostizieren politische Skills «location flexibility» I-Deals (β = .12, ρ < .05). Dies ist konsistent mit Befunden aus der ersten Studie und Stichprobe und indiziert, dass Arbeitnehmer mit höheren politischen Skills eher erfolgreiche I-Deal Negoziationen führen (Rosen et al., 2013). Es ist jedoch anzumerken, dass die Korrelationen eher schwach sind. LMX zeigt sich in beiden Erhebungen als ein stärkerer und kontinuierlicherer Prädiktor über die inhaltlichen Dimensionen von I-Deals hinweg. Durch die replizierten Ergebnisse und Ähnlichkeiten zwischen ihnen ist der Schluss, dass psychologische Skills für gewisse I-Deal Dimensionen prädiktive Funktion haben, möglich, aber mit Vorsicht zu interpretieren. Rosen et al. (2013) führt etwa auf, dass es aufgrund der Fragenstruktur nicht ausgeschlossen ist, dass I-Deals, die von Studienteilnehmern angegeben wurden, vor der Antezedenzien Messung geschlossen worden sind. Das würde bedeuten, dass das jeweilige Antezedens zeitlich nicht mehr vor der I-Deal Messung gelegen käme und die Bedeutung des Antezedens verloren ginge. Wenn von diesen Limitationen abgesehen wird, indizieren die Befunde, dass politische Skills eine positive Beziehung mit I-Deals haben, besonders für «task» I-Deals und «location flexibility» I-Deals. Es ist jedoch bedeutsam, weitere Antezedenzien zu untersuchen und auch vermittelnden oder moderierenden Variablen zwischen den vier I-Deal Typen Beachtung zu schenken (Rosen et al., 2013).

Somit bescheinigt die bisherige Forschung den personengebundenen Faktoren, wie den politischen Skills (Rosen et al., 2013) oder PI (Hornung et al., 2008), einen bedeutsamen Einfluss auf die Erfolgsaussichten für eine gelungene Negoziation über I-Deals. Denn damit I-Deals überhaupt integriert werden können, müssen sie zuerst ausgehandelt werden. An diesem Punkt setzt nebst der Forschung über personengebundene Faktoren von Arbeitnehmern auch die Forschung über Charakteristiken von Vorgesetzten an.

3.1.2 Fokus Führungskraft

Es wird angenommen, dass Persönlichkeitsaspekte, Führungsstile und auch das Verhalten von Vorgesetzten ebenfalls nicht unerheblich sind (Liao et al., 2014). Hornung et al. (2011) führt eine Studie durch, die in diesem Bereich erste Erkenntnisse bringt. Ausgehend von Befunden, dass hochqualitative Beziehungen von Vorgesetzten zu Arbeitnehmern (LMX) die Möglichkeit, I-Deals zu verhandeln, erhöht (Hornung et al., 2010), schlägt Hornung et al. (2011) vor, dass Offenheit von Führungskräften, I-Deals zu gewähren und zu verwalten, eine Manifestation von mitarbeiterorientiertem Führungsverhalten ist. Diese Annahme widerspiegelt sich auch in der Hypothese: «leaders' consideration will be positively related to the extent to which workers negotiate both development idiosyncratic deals and flexibility idiosyncratic deals» (Hornung et al., 2011, S. 61). Es wird also die Beziehung von «development» und «schedule flexibility» I-Deals zu «consideration», als zugrundeliegendes Element von mitarbeiterorientiertem Führungsverhalten, untersucht. Mitarbeiterorientierte Führungskräfte werden mit Attributen wie bekräftigendem und unterstützendem Verhalten, Respekt für persönliche Bedürfnisse von Mitarbeitern und Sorge um deren Wohlergehen beschrieben (Bass, 1990; Judge, Piccolo, & Ilies, 2004). Ähnlich wird «consideration» als ein Ausmass angesehen, in welchem eine Führungskraft dem Wohlergehen von Mitarbeitern Bedeutung beimisst. Es unterstreicht dabei soziale Beziehungen bei der Arbeit und humanistische Werte, wie etwa Vertrauen und Freundschaft (Likert 1961; Hornung 2011). Die Studie gliedert sich in zwei Erhebungszeitpunkte in einem Abstand von etwa einem Jahr. Beide Male werden die Messwerte mittels identischen Umfragebögen, die per Internet an Ärzte von zwei verschiedenen Spitälern in Deutschland geschickt werden, erhoben. Zum ersten Erhebungszeitpunkt (T1) retournieren $N_1 = 159$ Teilnehmer die Umfrage. Dieses Sample besteht aus 46.5% weiblichen Probanden und 13.2% Teilzeitarbeitern. Das mittlere Alter liegt bei 39.4 Jahren (SD = 9.0) und die mittlere Anstellungsdauer beträgt 8.3 Jahre. Zum zweiten Zeitpunkt (T2) schicken $N_2 = 142$ Teilnehmende die Fragebögen zurück. Die Stichprobe besteht zu 48.6% aus weiblichen Probanden und 16.9% Teilzeitangestellten. Das mittlere Alter liegt bei 38.8 Jahren und die mittlere Anstellungsdauer beläuft sich auf 8.1 Jahre. $N_{1+2} = 91$ Probanden beantworten den Fragebogen beide Male, wobei sich die Stichprobenauswahl in demographischer und struktureller Hinsicht nicht signifikant von den Samples mit Querschnittdesign unterscheidet. Erhoben werden nebst I-Deals auch «consideration» von Führungskräften, Arbeit-Familien Konflikt, Arbeitsengagement und Kontrollvariablen.

Im Rahmen dieser Arbeit sind jedoch nur die beiden Ersteren sowie die Kontroll-variablen von Bedeutung. «Development» I-Deals und «schedule flexibility» I-Deals werden mit der Skala von Hornung et al. (2008) gemessen, wobei Proban-den angeben müssen, in welchem Ausmass sie I-Deals innerhalb dieser Dimensi-onen ausgehandelt haben. Die Items werden durch eine Likert-Skala beantwortet (0: kein bis 5: in sehr grossem Umfang). Mitarbeiterorientiertes Führungsverhal-ten, respektive «consideration», des oder der jeweils direkt Vorgesetzten, wird mit der 7 Item LBDQ Skala («leader behavior description questionnaire») gemes-sen. Ein Beispielitem lautet: «He or she looks out for the personal welfare of indi-vidual group member», weitere Items decken unter anderem Freundlichkeit, Nahbarkeit sowie die Bereitschaft des Vorgesetzten Änderungen durchzuführen ab. Alter der Probanden, deren Anstellungsdauer und Platz in der Jobhierarchie sowie in dichotomer Form Geschlecht und Anstellungsgrad (Vollzeit / Teilzeit) werden als Kontrollvariablen berücksichtigt. Diese Daten werden basierend auf Strukturgleichungsmodellen analysiert. Für die Daten, die aus den Querschnitt-samples vom ersten und zweiten Erhebungszeitpunkt stammen, werden Pfadko-effizienten pro Erhebungszeitpunkt separat geschätzt, während die Anpassungs-gütekriterien im Rahmen einer konfirmatorischen Faktorenanalyse (Incremental Fit Index, Tucker Lewis Index, Comparative Fit Index, Root Mean Square Error of Approximation) auf kollektiven Daten beider Stichproben beruhen und einen Wert von .90 nicht unterschreiten sollen. Da eine Querschnittstudie interpretato-risch keine kausalen Schlüsse zulässt, können Pfadkoeffizienten nur geschätzt werden. Die Studienkonstrukte werden als latente Variablen modelliert. Das Längsschnittstudien-Sample (N_{1+2} = 91) wird verwendet, um nach vorherrschen-den, kausalen Wirkungsrichtungen zwischen Variablen zu suchen. Aufgrund von poweranalytischen Überlegungen wird dieses Teilsample mit manifesten Variab-len und partiellen Korrelationen analysiert. Jeder Pfad der zuvor untersuchten Querschnittsamples wird hier in einem separaten Cross-Lagged-Panel-Modell un-tersucht, wobei jeweils Prädiktor und Kriteriums-Variable zu T1 und T2 berück-sichtigt werden, inklusive allen sechs möglichen Korrelationen zwischen ihnen. Dies wird in Abbildung 3 figurativ dargestellt.

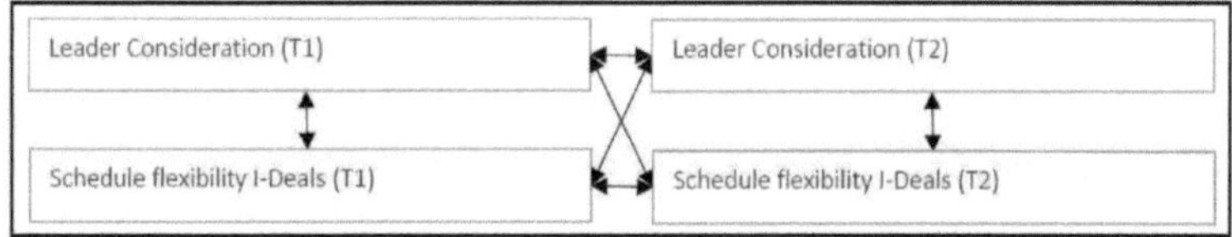

Abbildung 3. Figurative Darstellung eines im Kontext angewandten Cross-lagged-Panel-Modells.

Das aus der konfirmatorischen Faktorenanalyse resultierende fünf Faktoren Modell, bestehend aus den Faktoren «Leader consideration», Arbeit-Familien Konflikt, Arbeitsengagement, «schedule flexibility» I-Deals und «development» I-Deals, wird durch Entfernung und Ersetzung von Faktorkorrelationen mit gerichteten Pfaden in ein Strukturgleichungsmodell umgewandelt. Zu beiden Zeitpunkten (T1 und T2) korreliert «consideration» positiv mit «development» I-Deals (T1: β = .41, ρ < .01; T2: β = .50, ρ < .01) und «schedule flexibility» I-Deals (T1: β = .29, ρ < .01; T2: β = .40, ρ < .01). Dies ist kongruent mit der getroffenen Hypothese von Hornung et al. (2011). Die partiellen Korrelationen aus der Längsschnittstudie zeigen, nachdem Querschnitt- und Autokorrelationen kontrolliert werden, ähnliche Resultate. «Leader consideration» (T1) steht positiv in Verbindung mit «development» I-Deals (T2) (β = .27, ρ < .05) , umgekehrt korrelieren «development» I-Deals (T1) allerdings nicht mit «leader consideration» (T2) (β = .06). Weiter steht «leader consideration» (T1) geringfügig in positiver Beziehung zu «schedule flexibility» I-Deals (T2) (β = .2, ρ < .10), während das umgekehrte Pendent, von «schedule flexibility» I-Deals (T1) zu «leader consideration» (T2), keine signifikante Korrelation aufweist (β = .09). Diese Ergebnisse stützen die vorgeschlagene Einflussrichtung der Variablen aus der Querschnittstudie und damit auch die Hypothese wiederholt. Hornung et al. (2011) kann entsprechend zeigen, dass Vorgesetzte mit höherer «consideration» die Wahrscheinlichkeit steigern, dass Arbeitnehmer erfolgreich «development» und «schedule flexibility» I-Deals negoziieren. Gleichzeitig integriert die Studie das eher neue Konzept «I-Deals», indem sie es mit etablierteren Konstrukten der Organisationspsychologie verbindet.

3.2 Gruppenebene

Die Gruppenebene fokussiert auf Effekte, die durch Interaktionsdynamiken mehrerer involvierter Parteien zustande kommen und den Integrationsprozess oder den Negoziationsprozess von I-Deals beeinflussen. Zwei der in diesem Rahmen begutachteten Forschungen sind die Arbeiten von Hornung et al. (2010) und Lai et al. (2009).

3.2.1 Akzeptanz, Perzeption von Mitarbeitern

I-Deals können in Hinsicht auf Integration nicht losgelöst von der Akzeptanz der Mitarbeitenden betrachtet werden. Zwar werden I-Deals zwischen einem Arbeitnehmer und dem Vorgesetzten individuell geschlossen, jedoch kann die Akzeptanz der Mitarbeiter letztendlich Auswirkungen haben auf die Gesamteffektivität von I-Deals. Im Gegensatz zu den anderen Konstrukten, die bisher aufgeführt worden sind, handelt es sich bei Akzeptanz nicht um eine eigentliche Antezedenz für I-Deals, sondern vielmehr um ein multifaktorielles Konstrukt, welches direkten Einfluss auf den Erfolg einer I-Deal–Integration hat. Akzeptanz bezieht sich hier auf die Billigung und/oder Anerkennung eines I-Deals durch Drittpersonen. Sie wird durch eine Funktion aus mehreren Faktoren beschrieben (Lai et al., 2009). Zunächst ist die Basis, auf welcher ein I-Deal geschaffen wird, wichtig. Als legitime Basen gelten: Leistungen, wenn ein I-Deal als Ausgleich für gute Arbeitsleistungen vergeben wird; Notlagen, auf dem Hintergrund persönlicher oder familiärer Probleme; und «turn-taking», wenn Ressourcen wie Fortbildungen limitiert sind. Die Legitimität dieser Konditionen wird beeinflusst durch die, je nach spezifisch involvierten Verhältnissen, angemessene Art der Ressourcenverteilung. Weiter wird die Akzeptanz durch die dem Vorgesetzten attribuierte Autorität - dem Recht Entscheidungen zu treffen oder zu beeinflussen -, mitbestimmt. Diese wird in Abhängigkeit von Vertrauen sowie erlebter Kompetenz und Legitimität des Vorgesetzten gebilligt (Simon, 1997). Wird die Autorität von Mitarbeitern nicht anerkannt, tendieren diese dazu, I-deals als Favoritismus oder Nepotismus zu sehen (Rousseau, 2005), welche man umgangssprachlich als Bevorzugung oder Vetternwirtschaft kennt. Auch die Instrumentalität eines I-Deals ist ein Faktor, der die Akzeptanz beeinflusst. Signalisiert ein I-Deal oder umgebende Umstände an Mitarbeitende die Möglichkeit, zukünftig ebenfalls einen I-Deal zugesprochen zu bekommen, so hat dieser I-Deal eine positive Instrumentalität und wird von Arbeitskollegen eher akzeptiert (Rousseau et al., 2006). Auch Lai et al. (2009) forscht zum Thema der Akzeptanz.

Der Kernpunkt der Feldstudie von Lai et al. (2009) liegt auf der Untersuchung der Dynamiken, die den Reaktionen und der Akzeptanz von Mitarbeitern gegenüber I-Deals eines Arbeitskollegen zugrunde liegen. Lai et al. (2009) verwendet unter anderem einen Netzwerkansatz um zu untersuchen, wie Beziehungen, sowohl unter Mitarbeitern, als auch zwischen einzelnen Mitgliedern der Arbeitsgruppe und dem Vorgesetzten, Reaktionen auf einen I-Deal formen. Die Erste von acht Hypothesen erfasst, auf einem Netzwerklevel, Beziehungen zwischen einzelnen Mitarbeitern und lautet: H_1 «The extent to which a coworker considers an i-dealer a personal friend is positively related to his or her willingness to accept that worker's i-deals.» (Lai et al., 2009, S. 548). Die Hypothese gründet in der Annahme, dass die Vorteile eines Kollegen persönlich befriedigend sein können (Rousseau, 2005). Für die weiteren Hypothesen werden die Theorien des Economic und Social Exchange hinzugezogen. Economic Exchange ist gekennzeichnet durch Transaktionen von finanziellen Ressourcen und wenig persönlichem Bezug, weswegen diese Transaktionen nicht in Erwartung stehen, Langzeiteffekte zu zeigen (Shore, Tetrick, Lynch & Barksdale, 2006). Social Exhange ist von gegenseitiger Unterstützung, Sorge, Vertrauen und Loyalität, typischerweise also einem reziproken Austausch über Zeit, gekennzeichnet (Blau, 1964). Aufgrund dieser Charakteristik formuliert Lai et al. (2009) folgende Hypothesen: H_2 «The extent an individual experiences the employment relationship as a social exchange is positively related to acceptance of coworkers' i-deals.» (Lai et al., 2009, S. 548) und H_3 «The extent an individual experiences the employment relationship as an economic exchange is negatively related to acceptance of coworkers' i-deals.» (Lai et al., 2009, S. 549). Es wird also hypothetisiert, dass je stärker der Social Exchange zwischen Arbeitnehmern und ihren Vorgesetzten vorhanden ist, auch die Akzeptanz gegenüber einem I-Deal steigt. Das Umgekehrte gilt für den Economic Exchange. Weiter geht die Studie darauf ein, wie die Meinung über eigene zukünftige Aussichten auf einen I-Deal die Akzeptanz bildet, und erwägt damit die Rolle von distributiver Gerechtigkeit. Distributive Gerechtigkeit im organisationalen Kontext beschreibt die Ansichten, die über die Fairness der Ressourcenverteilung, bestehen (Greenberg, 1987). Die Hypothese beschreibt, dass perzeptive Ansichten über die Verteilungsfairness und damit über die vernommene Möglichkeit eines zukünftigen I-Deals in Erwartung steht, die Reaktionen auf jemandes I-Deals direkt zu beeinflussen. Sie lautet: H_4 «Coworkers' beliefs regarding their own likelihood of comparable future opportunity is positively related to their acceptance of others' i-deals.» (Lai et al., 2009, S. 549). Diese Theorie wird noch durch eine Hypothese erweitert. Diese sagt aus, dass auch das jeweilige Arbeitsverhältnis, als Funktion des Anteils an Social und Economic Exchange, die wahrgenommenen Aussichten auf einen I-Deal beeinflusst. Es wird erwartet, dass ein Arbeitsverhältnis mit hohem sozialem Anteil die pezeptive Wahrscheinlichkeit steigert, dass ein Mitarbeiter in Zukunft ebenfalls einen I-Deal erhält. Die ausformulierten Hypothesen lauten: H_5: «Social exchange is positively related to beliefs in one's likelihood of receiving comparable future opportunity.» (Lai et al., 2009, S. 549) und H_6: «Economic exchange is negatively related to beliefs in one's likelihood of receiving comparable future opportunity.» (Lai et al., 2009, S. 549). Abschliessend postuliert Lai et al. (2009), dass die vermuteten Korrelationen zwischen dem Arbeitsverhältnis und der Akzeptanz eines I-Deals (H_2 und H_3) durch die wahrgenommene Wahrscheinlichkeit, ähnliche zukünftige Möglichkeiten zu erhalten, vermittelt wird. Die Hypothesen lauten: H_7 «Social exchange's positive relationship with acceptance of coworkers' i-deals is mediated by the likeli- hood of receiving comparable future opportunity.» (Lai et al., 2009, S. 549) und H_8 «Economic exchange's negative relationship with acceptance of coworkers' i-deals is mediated by the likelihood of receiving comparable future opportunity.» (Lai et al., 2009, S. 549).

Dieses umfangreiche Set an Hypothesen wird mit einer Kombination aus Netzwerkanalyse, Meta-Analyse und Strukturgleichungsmodellen, basierend auf einem Sample, bestehend aus insgesamt 44 Probanden, geprüft. Sie werden in 10 Gruppen unterteilt, die den natürlichen Arbeitsgruppen entsprechend geformt werden. Weiter sind Probanden allesamt Angestellte eines High-Tech Forschungs- und Entwicklungsunternehmens in den USA. Die Probanden sind zu 89% männlich, respektive zu 11% weiblich und haben ein mittleres Alter von 36 – 40 Jahren und eine mittlere Anstellungsdauer von 3 – 4 Jahren (kategoriale Variablen). Die durchgeführte Umfrage liefert sowohl Daten auf einem Netzwerklevel (H_1), als auch Daten auf individuellem Level (H_2-H_8). Die Netzwerklevel – Daten beinhalten Antworten jedes einzelnen Mitarbeiters zu den Mitgliedern der Arbeitsgruppe über Intensität der Freundschaft und über die Bereitschaft, einen I-Deal des jeweiligen Mitgliedes zu akzeptieren. Beide werden mit einer vierstufigen Likert-Skala erfasst und über ein non-parametrisches, permutationsbasiertes Regressionsverfahren, (quadratic assignment procedure - QAP) analysiert. Die p-Werte der 10 Gruppen werden daraufhin mit einem Stouffer's Z test zusammengeführt. Die Daten auf ididuellem Level beinhalten Messungen verschiedener Konstrukte. Social Exchange wird mit der sieben Item Skala von Tetrick et al. (2001) gemessen. Ein Beispielitem lautet: «My relationship with my company is based on mutual trust» (Lai et al., 2009, S. 550). Economic Exchange wird mit der sechs Item Skala von Shore et al. (2001) erfasst, mit Items wie: «My relationship with my company is impersonal – I have little emotional involvement at work» (Lai et al., 2009, S. 550). «Vergleichbare zukünftige Opportunität» wird mit den zwei Items

«I can have the same special individual arrangements as my coworkers have if I ask» und «I can get comparable special individual arrangements if I am in need of them» erhoben (Cronbach's α = .76). Die Akzeptanz für I-Deals eines Mitarbeiters wird übernommen von den Daten auf Netzwerklevel. Diese Messungen werden für H_2 und H_3 mit einer Regressionsanalyse und für $H_4 - H_8$ mit einem Strukturgleichungsmodell in Kombination mit dem Sobel Mediator Test geprüft.

Für H_1 zeigt sich, dass sich Arbeiter generell eher unterstützend sehen, wenn es um die Akzeptanz von I-Deals von Arbeitskollegen geht. So zeigt sich über den Stouffer's Z Test eine positive Korrelation zwischen Freundschaft und der Bereitschaft, einen I-Deal des jeweiligen Mitgliedes zu akzeptieren (Stouffers Z = 2.12, ρ_{pooled} = .02, β_+ = .25). Der Effekt der gewichteten Populationschätzung (β_+) über alle Gruppen hinweg wird mit .25 als moderat betrachtet (Cohen, 1988). Die Datenanalyse stützt auch die Hypothesen H2 und H3. Social Exchange zeigt zur Akzeptanz eine positive Ursache-Wirkungs-Beziehung (β = .36, ρ < .01), während Economic Exchange eine negative Ursache-Wirkungs-Beziehung zu Akzeptanz hat (β = -.41, ρ < .001). Das Geschlecht, als signifikant mit Economic Exchange korrelierende demographische Variable, wird kontrolliert (r = -.21, ρ < .10). Die Studie zeigt weiter, dass Social Exchange (β = .5, ρ < .001) und Economic Exchange (β = -.32, ρ < .01) die Variable «Vergleichbare zukünftige Opportunität» signifikant beeinflussen (H5, H6), welche wiederum eine positiven Pfad zu Akzeptanz aufweist (H4) (β = .38, ρ < .01). Die Sobel Tests für die Hypothesen H_7 und H_8, für welche die Funktion von «Vergleichbare zukünftige Opportunität» als Mediatorvariable in den Korrelationen von Social Exchange, respektive Economic Exchange zu Akzeptanz überprüft wird, erreichen jedoch keine Signifikanz mit einseitiger Hypothesentestung (Social Echange: Sobel z = 1.56, ρ = .06; Economic Exchange: Sobel z = -1.48, ρ .07). Zusammenfassend bedeutet dies, dass die Akzeptanz für I-Deals von Dritten sowohl vom Freundschaftslevel als auch dem Verhältnis zu Vorgesetzten beeinflusst wird. Lai et al. (2009) führt aus, dass Economic Exchange Vigilanz erzeugt, was wiederum Intoleranz gegenüber I-Deals von Mitarbeitern fördert, während Social Exchange als prädisponierender Faktor für positive Haltungen gegenüber I-Deals gesehen werden kann.

3.2.2 Leader – Member Exchange

Generell ist die Studie von Hornung et al. (2010) darauf ausgelegt, Antezedenzien und Auswirkungen von «task» I-Deals zu testen. So wird unter anderem geprüft, inwiefern «task» I-Deals mit LMX in Verbindung stehen. LMX gilt mittlerweile als wichtige LMX und wird von Rousseau (2005) als die relationale Basis innerhalb welcher I-Deals geschaffen werden können, beschrieben. Definiert wird LMX als Konstrukt, welches das Ausmass von Social Exchange in einem Vorgesetzten – Arbeitnehmer-Verhältnis beschreibt (Graen & Scandura, 1987; Wayne, Shore, & Liden 1997). Hohe LMX-Relationen zeichnen sich etwa durch gegenseitiges Vertrauen, Loyalität und gesteigertem Kommitment aus, welches über ein gemeines Arbeitsverhältnis hinaus geht. Entsprechend wird angenommen, dass besonders vertrauenswürdige und vom Vorgesetzten wertgeschätzte Arbeitnehmer mehr Handlungsspielraum oder eine grössere Akzeptanzzone bei der Aushandlung von I-Deals haben. Oder anders formuliert, wird indiziert, dass ein hoher LMX mehr interpersönlicher Unterstützung gleichkommt, was die Erfragung von individuellen Arbeitsarrangements erleichtert, weswegen I-Deals von der Arbeitsverhältnisqualität abhängen. Daraus resultiert die Hypothese: «Employee perceptions of LMX will be positively related to the extent of task i-deals.» (Hornung et al., 2010, S. 191).

Die Daten zur Überprüfung der Hypothese stammen aus zwei voneinander unabhängigen Datenerhebungen. Es werden zwei Studien durchgeführt, eine davon in den USA (S_1) und eine weitere in Deutschland (S_2). Das erste, validierte Sample (S_1) besteht total aus N = 189 Angestellten eines Spitals. Die Probanden werden ungeachtet deren Arbeitsstelle rekrutiert, während Ärzte von der Studie ausgeschlossen werden. Ein Anteil von 14.3% sind männliche Angestellte, das durchschnittliche Alter liegt bei 41 – 45 Jahren (kategoriale Variable), während die mittlere Anstellungsdauer 4 - 5 Jahre (kategoriale Variable) beträgt. Teilzeit angestellt sind 15.9% der Arbeitnehmer. Das zweite Sample (S_2) ist etwas kleiner mit N = 135 verwendeten Studienteilnehmern. Dieses Sample besteht konträr zu S_1 ausschliesslich aus Ärzten eines deutschen Spitals. Mit 48.1% männlichen Probanden ist dieses Sample geschlechtsspezifisch ausgeglichener. Das Durchschnittsalter liegt bei 38.8 Jahren (SD = 8.35) und die mittlere Anstellungsdauer ist mit 7.8 Jahren (SD = 6.82) angegeben. Die verwendeten Daten der Erhebung umfassen die komplett ausgefüllten Fragebögen, die neben der Erfassung von LMX und «task» I-Deals auch die variablen Arbeitscharakteristiken, persönliche Initiative (PI), Arbeitsengagement (WE) und Kontrollvariablen beinhalten. Die Qualität des Vorgesetzten – Arbeitnehmer-Verhältnisses wird mit etablierten Skalen erfasst. Für das amerikanische Sample (S_1) wird eine 10 Item Skala (Cronbach's α = .96) von Wayne et al. (1997) verwendet, während im deutschen Sample (S_2) eine 7 Item Skala (Cronbach's α = .92) von Scandura und Graen (1984) zum

Tragen kommt. Beide verwenden eine 5 Punkt Likert Skala für die Wertung jedes Items. «Task» I-Deals werden im ersten Sample (S_1) basierend auf der Skala von Hornung et al. (2008) erfasst, wobei 3 Items für «task» I-Deals verwendet werden (Cronbach's α = .70). Für das deutsche Sample (S_2) werden die Items, aufgrund der Erfahrungen, neu formuliert. Es resultiert eine 4 Item Skala (Cronbach's α = .86). Es wird eine 6 Punkt Likert Skala für die Wertung jedes Items verwendet. Weiter erhebt eine Dummy-kodierte Variable, ob ein I-Deal abgelehnt worden ist. Als Kontrollvariablen werden Geschlecht, Anstellungsgrad, Anstellungsdauer und Job Level anhand des Ausbildungsgrades (S_1) oder der Position (S_2) berücksichtigt.

Die Analysen basieren auf einer konfirmatorischen Faktoranalyse (CFA) und einem Strukturgleichungsmodell, wobei das Mass an vorhandenen «task» I-Deals eher niedrig war (S_1: M=2.11, SD = .99; S_2: M=2.08, SD= 1.38). Die gewählten Indizien zeigen für das Strukturgleichungsmodell eine akzeptable Passung (S_1: IFI = .94, TLI = .91, CFI = .93, RMSEA = .065; S_2: IFI = .95, TLI = .94, CFI = .95, RMSEA = .049). Die Ergebnisse beider Samples stützen die Hypothese H_1 gänzlich. Es zeigt sich, dass LMX signifikant positiv in Verbindung mit der Negoziation von «task» I-Deals steht (S_1: β = .23, ρ < .05; S_2: β = .42, ρ < .01). Somit scheint die Möglichkeit «task» I-Deals auszuhandeln, zumindest teilweise abhängig zu sein von der Qualität des Vorgesetzten – Arbeitnehmer-Verhältnisses. Die Resultate lassen sich im Gedanken implementieren, dass ein hoher LMX durch eine starke persönliche Unterstützung die Erfragung von individuellen Arbeitsarrangements erleichtert (Hornung et al., 2010). Auch in weiteren Studien konnte belegt werden, dass LMX ein wichtiger Prädiktor für die erfolgreiche Negoziation von I-Deals verschiedener Dimensionen ist, wie: «Task» I-Deals (Hornung et al., 2014; Rosen et al., 2013), «development» I-Deals (Hornung et al., 2014), «schedule flexibility» I-Deals (Hornung et al., 2014; Rosen et al., 2013) und «location flexibility» I-Deals (Rosen et al., 2013). Die Forschung von Anand (2012) geht in eine ähnliche Richtung und zeigt, dass in Arbeitsgruppen, deren Führungskräfte durschnittlich eine starke LMX Beziehung zu allen Mitgliedern der Arbeitsgruppe pflegen, das durchschnittliche Vorkommen von I-Deals ebenfalls hoch ist. Darauf aufbauend ist es naheliegend, dass eine Arbeitnehmer – Arbeitgeber Kombination mit hohem LMX, durch die vorteilhafte Position I-Deals zu erfragen, einen Puffer darstellt in risikobehaftetem proaktivem Verhalten, wie das Rofcanin et al. (2015) zeigen kann. Ein hoher LMX und damit hohe Beziehungsqualität zwischen Führungskraft und

Arbeitnehmer hat somit positive Konsequenzen bei Negoziation von I-Deals verschiedenster Dimensionen.

3.3 Organisationale Ebene

Die organisationale Ebene liefert Informationen über kontextuelle Einflussfaktoren. Diese haben ebenfalls einen Einfluss, ob und bis zu welchem Ausmass ein Ideal gewährt wird und integriert werden kann. Es ist an dieser Stelle sinnvoll, zwischen Strukturen auf organisationaler Ebene zu unterscheiden, die die Schaffung eines I-Deals aus rein technischen Gründen von sich aus verhindern und solchen, die eine Schaffung und Integration eines I-Deals erschweren oder vereinfachen.

Erstere sind relativ einfach zu erfassen und benötigen keine wissenschaftlichen Erhebungen um ihre Natur zu verstehen. Unter diese Strukturen fallen etwa Technologien, wie stationäre Produktionssysteme, Arbeitsorganisation, wie Arbeitsteilung und Interdependenzen der Aufgaben, und Interdependenzen zu Dritten, wie etwa Kunden oder Patienten. Alle diese Strukturen erfordern Präsenz an gewissen Orten und/oder Zeiten und limitieren dadurch die Verhandlungsmöglichkeiten (Hornung et al., 2009). Die Limitationen beziehen sich meist auf spezifisch inhaltliche Dimensionen von I-Deals wie hier der örtlichen und zeitlichen Flexibilität, schliessen Verhandlungen über andere Inhalte jedoch nicht aus. Es zeigt sich beispielsweise bei Rousseau und Kim (2006), dass keine «location flexibility» I-Deals erfasst werden. Dieser Umstand lässt sich damit begründen, dass die Pfleger/innen eines Spitals, in welchem die entsprechende Studie durchgeführt wurde, die Möglichkeit nicht haben, örtlich flexibel zu arbeiten, ohne dadurch ihre eigentliche Arbeitsaufgabe zu vernachlässigen. Sehr wohl können sie jedoch andere I-Deals aushandeln.

Bei Strukturen, welche die Negoziation oder Integration eines I-Deals nicht verhindern, sondern entweder negativ oder positiv beeinflussen, ist kaum Evidenz vorhanden. Weil solche kontextuelle Faktoren innerhalb einer Organisation auf einem höheren Level anzusiedeln sind, wird ihr Einfluss als ein Multi Level Phänomen betrachtet. Liao et al. (2012) spricht deshalb auch von Cross Level Untersuchungen. Sie sind denn auch schwierig zu erfassen, da die Zuordnungseindeutigkeit des Einflusses unklar sein kann (Greenberg et al., 2004). So können selbige Strukturen unterschiedlichen Einfluss auf den Negoziationserfolg eines I-Deals sowie auf die vermittelnden Prozesse und Ergebnisse auf individueller- und Gruppenebene haben (Liao et al., 2014). Hornung et al. (2008) vermutet beispielsweise, dass die Art einer Organisation, Anstellungsverhältnisse zu strukturieren, die Wahrscheinlichkeit beeinflussen, ob ein Arbeitnehmer individuelle Anstellungskonditionen in Form von I-Deals aushandeln kann oder nicht (Hornung et al., 2008). Hornung et al. (2008) führt aus, dass es in Umfeldern, in welchen die Vergabe von I-Deals restriktiv gehandhabt wird, es nicht nur schwerer ist einen I-Deal zu erhalten, sondern die Vergabe auch schneller als bevorzugende Behandlung interpretiert werden kann. Umgekehrt können Arbeitsstrukturen die Negoziation eines I-Deals vereinfachen, sofern individualisierte Arrangements eher die Norm als eine Ausnahme sind oder die Vergleichbarkeit des Arbeitsverhältnisses gering ist. Die Hypothese: «Work structures promoting idiosyncrasy in employment conditions are positively related to worker negotiation of flexibility i-deals and developmental i-deals.» (Hornung et al., 2008, S. 656) kann jedoch nicht vollumfänglich bestätigt werden. Es zeigen sich gemischte Resultate. Die Hypothese wird mit den drei Variablen Teilzeit, Telearbeit und Aussendienst, welche Idiosynkrasie fördern sollen, getestet. Teilzeit zeigt signifikant positiven Effekt auf «schedule flexibility» I-Deals (β = .37, ρ < .01) und «development» I-Deals (β = .16, ρ < .01), während Telearbeit nur für «schedule flexibility» I-Delas (β = .29, ρ < .01) einen signifikanten positiven Effekt zeigt, aber nicht für «development» I-Deals (β = .04). Aussendienst zeigt einen negativen Effekt auf «schedule flexibility» I-Deals (β = -.23, ρ < .01) und keinen Effekt auf «development» I-Deals (β = -.05). Für die genauere Beschreibung der Studie und insbesondere des verwendeten Samples wird auf das Kapitel 4.1.1 verwiesen. Weitere Strukturen sind, wie von Hornung et al. (2009) identifiziert, der Job Typ, in dessen Rahmen Individualisierung erleichtert oder erschwert wird (Rice, 1958; Child, 1973; Rousseau, 1977, zit. n. Hornung et al., 2009, S. 741) oder, wie von Liao et al. (2014) aufgeführt, Organisationskultur, ökonomische und strategische Faktoren und das Organisationsklima. Sämtliche Strukturen sind hypothetischer Natur und deren Einfluss ist nicht empirisch belegt.

3.4 Ganzheitliche Betrachtung

Die im Rahmen dieser Arbeit einzeln hinterleuchteten Konstrukte gilt es noch zu ordnen und in ein Modell einzufügen, welches veranschaulicht, wie die Position und Rolle eines jeden Konstruktes innerhalb des Integrationskontextes ist. Es ist für die Auffassung an dieser Stelle sinnvoll, die Ordnung der einzelnen Ebenen aufzulösen und die Konstrukte in ein ganzheitliches Integrationsmodell überzuführen. Die Forschung zu den Konstrukten auf individueller Ebene, wie persönliche Initiative (Hornung et al., 2010), politische Skills (Rosen et al., 2013) und «Consideration» (Hornung et al., 2011), können als Antezedenzien für I-Deals angesehen werden. Von der Gruppenebene abgeleitet, zählt LMX (Hornung et al., 2010) ebenfalls zu den Antezedenzien von I-Deals. Die erforschten Antezedenzien beeinflussen die Erfolgswahrscheinlichkeiten der I-Deal Negoziation und damit, wie häufig I-Deals vorzufinden sind. Der Aspekt der Akzeptanz (Lai et al., 2009), der ebenfalls auf Gruppenebene diskutiert wird, ist hingegen ein multifaktorielles Konstrukt, das abhängig ist von der Schaffungsgrundlage eines I-Deals, der attribuierten Autorität des Vorgesetzten, der Instrumentalität eines I-Deals für Mitarbeiter, der Freundschaft und der distributiven Fairness. Die Akzeptanz wird, zusammen mit weiteren kontextuellen Faktoren der Gruppen- und Organisationsebene, einem Cross-Level-Einfluss zugeordnet und ist keine reine Antezedens (Lai et al., 2009; Liao et al., 2014). Daneben sind vor allem auch die Auswirkungen von I-Deals auf die Organisation, den Arbeitnehmer mit I-Deal und die Mitarbeiter der Arbeitsgruppe für eine Integration wichtig. Die Auswirkungen von I-Deals können, abhängig von deren inhaltlichen Dimension, variieren (Rosen et al., 2013). Dies können für die Organisation und damit dem Vorgesetzten beispielsweise höheres organisationales Commitment (Rosen et al., 2013), höhere Arbeitsmotivation und Leistung (Hornung et al., 2009) sein und für den «I-Dealer» weniger Arbeit – Familien Konflikte (Hornung et al., 2011) und höhere Jobzufriedenheit (Rosen et al., 2013). Werden nun Antezedenzien, Cross-Level Einflüsse und die Auswirkungen von I-Deals zusammen in ein Modell integriert, so diffundieren bereits einige wichtige Zusammenhänge der I-Deal Forschung.

Die Abbildung 3 (siehe unten) dient zur Unterstützung des Verständnisses. Sie soll den Zusammenhang einzelner, mit I-Deals korrelierenden Konstrukten, schematisch erläutern. Es handelt sich nicht um eine abschliessende Darstellung.

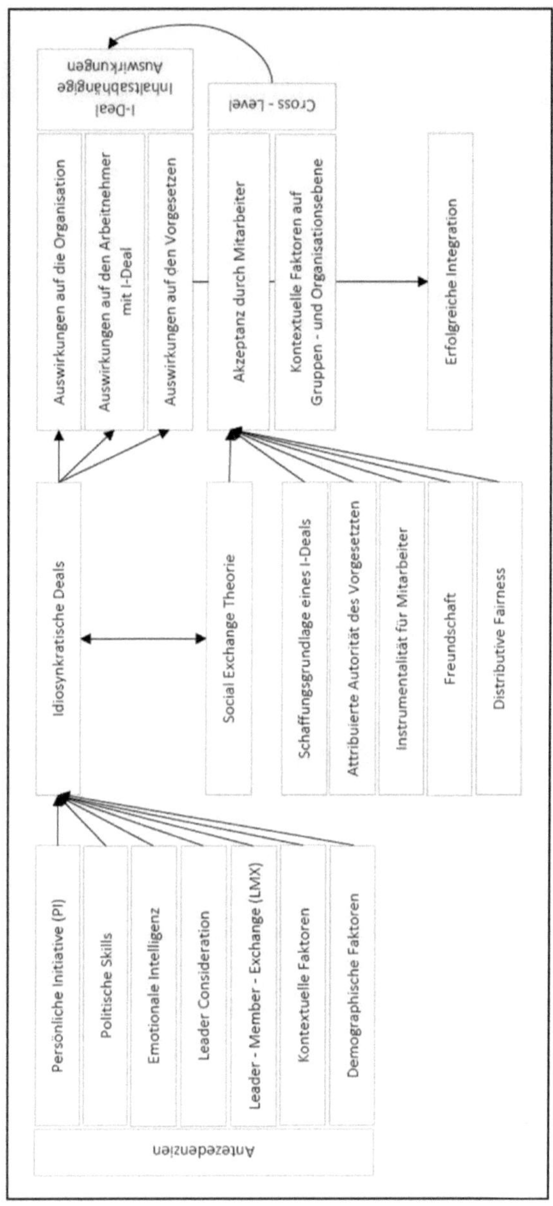

Abbildung 4. Versuch einer schematischen Darstellung eines gesamtheitlichen Integrations-Modells.

4 Diskussion

Als eine Gegebenheit des zeitgenössischen Arbeitsplatzes ist es denkbar, dass sich Führungskräfte, Arbeitnehmer und deren Arbeitsgruppe selbst entweder unmittelbar oder indirekt in I-Deals involviert sehen. In dieser Arbeit werden I-Deals konzeptualisiert und die Effekte verschiedener Konstrukte, die im Zusammenhang mit I-Deals stehen, und die Effekte von I-Deals selbst, eruiert. Damit leistet die Arbeit einen Beitrag in der Identifikation und Evaluation der Ebenenübergreifenden Integration von I-Deals im organisationalen Kontext.

Die erste Kontribution dieser Arbeit besteht aus einer umfangreichen Konzeptualisierung von idiosynkratischen Deals basierend auf einer Literaturanalyse. Das Verständnis des relativ neuen Konzeptes «I-Deals» ist unabdingbar, um weiterführende Überlegungen im Bereich der Integration adäquat umsetzen zu können. I-Deals beschreiben angepasste, personalisierte Merkmale im Anstellungsverhältnis, welche zusätzlich zum Standardvertrag individuell ausgehandelt werden und als beidseitig vorteilhaft gelten (Liao et al., 2014). Damit werden bereits mehrere Kernmerkmale von I-Deals angesprochen. I-Deals werden individuell negoziiert, entweder vor (ex ante) oder während (ex post) eines Anstellungsverhältnisses, und erzeugen aufgrund ihrer Natur Gruppenheterogenität, die in Relation zu den Vorteilen, welche Mitarbeiter des Teams erhalten, unterschiedlich sein kann. Gemäss dieser Definition ist auch die beidseitige Vorteilhaftigkeit bedeutend. Während einerseits I-Deals zum Wohlergehen des Arbeitsnehmers beitragen, soll ein reziprokes Element des Arbeitnehmers, beispielsweise in der Form von gesteigerter Performance oder höherem organisationalem Commitment, diese Bedingung sichern (Hornung et al., 2011; Rosen et al., 2013). Es zeigen sich bei Rosen et al. (2013) in Abhängigkeit der inhaltlichen Dimension eines I-Deals - deren er «task» I-Deals, «financial incentive» I-Deals, «schedule flexibility» I-Deals und «location flexibility» I-Deals identifiziert - unterschiedliche Auswirkungen auf die Job Zufriedenheit sowie auf das affektiv organisationale, das kontinuativ organisationale und das normativ organisationale Commitment. Spezifisch die I-Deal Inhalte, die sich darauf beziehen, was ein Arbeitnehmer macht («task» I-Deals) und wann die Arbeit erledigt wird («schedule flexibility» I-Deals), fördern positive Arbeitshaltungen, welche im Zusammenhang mit Performance, Arbeitskraftfluktuation und Absenzen stehen. Diese Befunde zeigen erste Evidenzen, dass der Bezug zwischen I-Deals und Arbeitseinstellungen vom I-Deal Typ abhängig ist. Als Teil der zweiten Kontribution dieser Arbeit werden wissenschaftlich fundierte, theoretische Überlegungen ausgeführt, wie eine Integration für die involvierten Parteien aussehen könnte. Die Einbindung von I-Deals bedarf einer mehrseitigen Betrachtung der Auswirkungen von I-Deals aus der Sicht der Organisation, des Arbeitnehmers mit I-Deal und dessen Arbeitsgruppe. Für die Organisation sind wünschenswerte Auswirkungen etwa verstärktes organisationales Commitment, Arbeitszufriedenheit oder höhere Mitarbeiterperformance durch gesteigerte Motivation. Auch hat die Organisation Interesse daran, dass ein I-Deal von der Arbeitsgruppe akzeptiert wird, da dies ansonsten die Gesamteffizienz einer Organisation untergraben kann. Aus Sicht des Arbeitnehmers zeichnet sich die erfolgreiche Einbindung beispielsweise durch höhere Arbeitszufriedenheit, mehr Unterstützung bei arbeitsrelevanten Zielverfolgungen oder weniger Arbeit-Familien Konflikten aus. Der Grossteil der aufgeführten Effekte ist jedoch noch nicht empirisch untersucht worden. Sie stellen deshalb eher einen Wegweiser für die zukünftige Forschung dar. Besser untersucht sind die für die Integration ebenfalls wichtigen Antezedenzien. Abweichend von den Auswirkungen von I-Deals beziehen sich Antezedens-Konstrukte weniger auf die wünschenswerten Ergebnisse von I-Deals als vielmehr auf die Negoziation von I-Deals. So beeinflussen sie die Wahrscheinlichkeit des Erfolges der Negoziation. Ebenen übergreifend werden Antezedenzien und kontextuelle Faktoren aus der I-Deal Literatur aufgegriffen, ihre Verbindungen zu I-Deals geprüft und in einem schematischen Modell ganzheitlich betrachtet. Auf der individuellen Ebene zeigt sich, dass eine positive Verbindung zwischen persönlicher Initiative und «schedule flexibility» I-Deals und «development» I-Deals besteht (Hornung et al., 2008). Dies indiziert, dass Arbeitnehmer mit höherer persönlicher Initiative vermehrt I-Deals erhalten. Für politische Skills zeigen sich gemischte Resultate. Stichprobenabhängig korreliert das Konstrukt einmal mit allen vier I-Deal Dimensionen positiv und ein weiteres Mal nur mit «task» I-Deals. Trotz der schwachen Korrelationen und gemischten Resultaten erwägt Rosen et al. (2013), dass Arbeitnehmer mit höheren politischen Skills eher erfolgreiche I-Deal Negoziationen führen. «Leader consideration» steht in positiver Beziehung zu «schedule flexibility» I-Deals und «development» I-Deals (Hornung et al., 2011). Somit steigern Vorgesetzte mit höherer «consideration» die Wahrscheinlichkeit, dass Arbeitnehmer erfolgreich I-Deals negoziieren. Die Gruppenebene fokussiert auf durch Interaktionsdynamiken getriggerte Effekte. Bei der auf Gruppenebene untersuchten Akzeptanz eines I-Deals zeigt sich, dass ein Geflecht aus sozialen, ökonomischen und organisationalen Faktoren auf die Akzeptanz der Mitarbeiter einwirkt. Aufgrund der gewählten Stichprobengrösse ist die Aussagekraft der Ergebnisse jedoch beschränkt. Derweil zeigt sich bei LMX, einem der am stärksten untersuchten Konstrukte im Zusammenhang mit der I-Deal Forschung, eine Korrelation zu allen I-Deal Dimensionen über mehrere Studien hinweg (Hornung et al., 2014; Rosen et al., 2013). Die organisationale Ebene erwägt derweil besonders die Komplexität der kontextuellen Faktoren. Innerhalb einer Organisation wird ihr Einfluss als ein Multi-Level Phänomen betrachtet, so ist die Zuordnungseindeutigkeit des Einflusses oft unklar (Greenberg et al., 2004). Eine verfügbare Studie zeigt keine Unterstützung für die gestellte Hypothese, dass Idiosynkrasie fördernde Strukturen in der Organisation die Negoziation von «schedule flexibility» und «development» I-Deals begünstigen sollen (Hornung et al., 2008). Der Leser erhält mit der unter Abbildung 3 aufgeführten schematischen Darstellung einen Überblick über mögliche Relationen des I-Deal Netzwerkes, die im Zusammenhang mit der für die Organisation wichtigen Integration stehen. Gesamthaft zeigt sich dennoch, dass - basierend auf der verfügbaren Forschung – nur begrenzt Rückschlüsse gezogen werden können, wie eine erfolgreiche Integration aussehen soll. Dies hat unter anderem damit zu tun, dass der aktuelle Forschungsfokus noch ein anderer ist.

Ein Fokus der Forschung liegt momentan stark auf der Identifikation von Antezedenzien von I-Deals. Diese beeinflussen massgebend, ob und bis zu welchem Ausmass ein I-Deal negoziiert werden kann. Dabei wird vorwiegend auf Persönlichkeitsmerkmale, Verhalten und Fähigkeiten zurückgegriffen, die dem Arbeitnehmer oder der Führungskraft zugewiesen werden können. Als Verhaltensmerkmal des Arbeitsnehmers gilt etwa die persönliche Initiative (PI) (Hornung et al., 2008) oder seitens des Vorgesetzten «consideration» (Hornung et al., 2011). Trotz dem Schwerpunkt der Forschung in diesem Bereich bedarf es weiterer Forschung, die nebst Verhalten auch Persönlichkeitsaspekte von Vorgesetzten und sogar ganze Führungsstile erfasst. In Anlehnung an die Befunde von Hornung et al. (2011) trifft Liao et al. (2014) die Annahme, dass Führungskräfte, respektive Vorgesetzte mit einem transformationalen Führungsstil, aufgrund ihres hohen Levels an persönlicher «consideration» und ihrer Achtsamkeit für die Bedürfnisse von Arbeitnehmern, eher dazu neigen I-Deals zu vergeben. Auch Persönlichkeitsaspekte, etwa die des Fünf-Faktoren-Modells der Persönlichkeit, wie Neurotizismus und Extraversion, könnten im Zusammenhang mit der I-Deal Negoziation von Bedeutung sein. So wäre denkbar, dass Arbeitnehmer mit hohen Extraversionswerten durch ihre gesellige, aktive, gesprächige und personenorientierte Natur, vermittelt durch einen gesteigerten LMX, eher erfolgreiche Verhandlungen führen. Ein neuer Fokus der Forschung liegt bei den Auswirkungen von I-Deals. Rosen et al. (2013) bringt etwa Jobzufriedenheit und organisationales Commitment mit I-Deals in Verbindung. Daneben werden auch Arbeit-Familien Konflikt - Konstrukte, Arbeitsleistung, Mitarbeiterfluktuation und OCB (Hornung et al., 2008, Anand et al., 2010; Ho & Tekleab, 2013; Hornung et al., 2014) als Auswirkungen von I-Deals diskutiert. Wenn in Betracht gezogen wird, dass diese Konstrukte selten in Verbindung zu allen vier I-Deal Inhalten geprüft worden sind, ist erdenklich, dass die generalisierte Aussagekraft für die Auswirkungen von I-Deals gleichzeitig ein Schwachpunkt der Forschung darstellt. Für zukünftige Forschung im Bereich der nomologischen Testung ist es deshalb wichtig zu evaluieren, wie die Konstrukte in Verbindung mit jeder einzelnen inhaltlichen Dimension von I-Deals stehen. In Kombination dazu führen mehrere Autoren (etwa: Anand et al., 2010; Rosen et al., 2013) aus, dass weitere Antezedenzien, Auswirkungen und auch komplexere, vermittelnde oder moderierende Verbindungen auf Gruppen- und der organisationalen Ebene erforscht werden sollen. In der Tat sind gerade komplexe, kontextuelle Strukturen, wie die von Lai et al. (2009) erforschte Akzeptanz gegenüber I-Deals von Drittparteien auf Gruppenebene, und weitere kontextuelle Faktoren auf organisationalen Ebene eher schwach erforscht. Es bietet sich beispielsweise an zu untersuchen, wie sich ein Führungskraftwechsel auf bestehende I-Deals auswirken kann. In Organisationen, in denen Führungskräfte des Öfteren wechseln, ist dieses Wissen existenziell. Das Wissen über die Unsicherheit des eigenen Arbeitsarrangements durch Führungskraftwechsel könnte, ähnlich wie bei Jobunsicherheit durch Stellenabbau (Paulsen et al., 2005), die Jobzufriedenheit mindern. Darunter könnte beispielsweise die Leistungsbereitschaft des Arbeitnehmers leiden, die in Zusammenhang mit Arbeitseinstellung steht. Die beidseitige Vorteilhaftigkeit des I-Deals wäre sodann allenfalls nicht mehr gegeben.

Stark beschäftigen sich aktuelle Forschungsarbeiten auch mit der Konzeptualisierung von I-Deals und deshalb mit der Entwicklung und Validierung von I-Deal Skalen. Nachdem von Hornung et al. (2010) die ursprüngliche Skala von Rousseau und Kim (2006) weiterentwickelt wurde, entwirft (Rosen et al., 2013) darauf nach konventionellen Skalenentwicklungsverfahren eine reliable und valide Skala mit multidimensionaler Faktorenstruktur. Es bedarf jedoch einer weiteren Verfeinerung der psychometrischen Erfassung von I-Deals. Bemängelt wird einerseits, dass die konvergente und diskriminante Validität in der Studie von Rosen et al. (2013) nicht untersucht wird (Liao et al., 2014). Dies wäre bei der Weiterentwicklung zu berücksichtigen. Beanstandet wird auch, dass zwar gewisse, aber nicht alle Items die konkrete Basis nennen, aufgrund derer ein I-Deal geschlossen wird

(Liao et al., 2014). So wird bei einem Item auf eine relativ vage Formulierung «particular circumstances» als Basis zurückgegriffen, während andere Item Basen konkreter beschrieben sind, wie beispielsweise mit der Formulierung «exceptional contribution» (Rosen et al., 2013). Liao et al. (2014) schlägt vor, die Basis separat zu erfassen, sodass die Skala unverfälscht die geschlossenen Arbeitsarrangements widerspiegelt. Mit einer separaten Erfassung würde dem Bias entgegengewirkt, welches durch die inkludierte Erwähnung der Basis entsteht. Jemand könnte einen I-Deal zwar negoziiert haben, jedoch nicht aufgrund der aufgeführten Basis. Dies würde dazu führen, dass das Item irrtümlich verneint wird. Zukünftige Forschung wäre angehalten, dies in einer Neuentwicklung oder Erweiterung der Skala von Rosen et al. (2013) umzusetzen. Die stetige Entwicklung der Skalen widerspiegelt auch in mancher Hinsicht den wissenschaftlichen Disput über die Konzeptualisierung von I-Deals. Es wird vorgeschlagen, I-Deals als einheitlich theoretisches Konzept – auch «aggregate multidimensional construct» genannt - anzusehen, zu dem Ausmass, zu welchem Arbeitnehmer erfolgreich spezielle Arbeitsarrangements mit ihrem Vorgesetzten ausgehandelt haben, während die inhaltlichen Dimensionen von I-Deals als eigen aber verwandt betrachtet werden sollen (Liao et al., 2014). Unter diesem Gedankengang ist allerdings auch zu subsumieren, dass Meinungen zu diesem Thema nicht einheitlich sind, nicht zuletzt, weil Outcomes von verschiedenen I-Deals oft unterschiedlich sind, was Argumente für ein einheitliches Konstrukt schwächen (Hornung et al., 2008). Der Befund von Rosen et al. (2013) zeigt, wie erwähnt, dass der Bezug zwischen I-Deals und Arbeitseinstellungen vom I-Deal Typ abhängig ist und stellt so die generell attribuierte Reziprozität, die allgemeinen Auswirkungen und damit das I-Deal Konstrukt als Einheit in Frage. Dieser Umstand trägt dazu bei, dass viele Forscher sich damit begnügen, nur einzelne I-Deal Typen in Bezug auf Antezedenzien oder Auswirkungen zu untersuchen. Durch typenübergreifende I-Deal Forschungen, wie dies in hiesiger Kritik bereits vorgeschlagen wurde, kristallisiert sich denn auch die Natur des I-Deal Konzeptes heraus. Nur durch die Verfügbarkeit eines klaren I-Deal Konstrukts lassen sich aussagekräftige Rückschlüsse ziehen über die Reziprozität, die Auswirkungen, die Antezedenzien und kontextuelle Faktoren. Sofern dann ein ausgereiftes nomologisches Netzwerk über alle Dimensionen von I-Deals hinweg vorhanden ist, lassen sich einfacher Folgerungen über die Integration eines solchen Konzeptes ableiten. Kritisch ist auch zu betrachten, dass bei der Erforschung des nomologischen Netzwerkes der überwiegende Teil der Forschungen (beispielsweise: Hornung et al. (2010), Hornung et al. (2008)) auf Querschnittstudien setzt und die Daten anschliessend durch Kausalanalysen, bestehend aus einer Faktoranalyse und der anschliessenden Pfadanalyse, analysiert. Auch wenn der Name es implizieren möchte, kann die Kausalanalyse letztlich keine Kausalitäten zwischen verschiedenen Merkmalen beweisen. Besonders wenn die Daten, wie das bei Querschnittstudien der Fall ist, zeitgleich erhoben werden, entspricht dies einem Fehlschluss nach dem Muster «Cum hoc ergo propter hoc». Dabei wird die Korrelation zwischen Merkmalen ohne ausführliche Prüfung als kausale Inferenz aufgefasst (Myers, 2008). Bei der Überprüfung zeitlich voneinander trennbarer Konstrukte ist dieses Vorgehen fraglich und allenfalls beirrend. So gilt LMX in der I-Deal Literatur beispielsweise als Antezedens zu I-Deals. Ein hoher LMX erhöht die Wahrscheinlichkeit, erfolgreich einen I-Deal zu negoziieren. Umgekehrt haben Hu, Vidyarthi, Anand und Liden, (2010) in ihrer Studie Befunde vorliegen, die Unterstützung für die Hypothese liefern, dass «development» I-Deals positiv zu einer hochqualitativen LMX Beziehung beitragen (Liao et al., 2014). Um Antezedenzien und auch Auswirkungen von I-Deals zu untersuchen, bedarf es daher zeitlich gerichteter Hypothesen, die in einem Längsschnittstudiendesign überprüft werden können. Das Prüfungsverfahren mittels einer Längsschnittstudie wird auch von Hornung et al. (2008) und Liao et al. (2014) empfohlen. Umgesetzt wird dies beispielsweise durch Rosen et al. (2013), wobei auf einen Abstand von 5 respektive 10 Wochen zwischen den Erhebungszeitpunkten gesetzt wird. Es ist dabei nicht ausgeführt, wie der benötigte zeitliche Abstand hergeleitet wird. Wenn nun über die Integration von I-Deals reflektiert werden soll, ist besonders für Organisationen von Bedeutung, wie sich Langzeiteffekte von I-Deals auf deren Effizienz auswirken. Unklar ist, ob 10 Wochen ausreichend sind um Langzeiteffekte zu erfassen. Adaptionseffekte könnten beispielsweise die Auswirkungen von I-Deals auf lange Sicht minimieren. Rosen et. al (2013) vertritt die Meinung, dass Forscher zukünftig einen Fokus auf Langzeiteffekte von I-Deals legen und bei der Wahl des Zeitrahmens spezifischer sein sollen, um zu erkennen, ob I-Deals eine Verbindung zu wünschenswerten Arbeitnehmerverhalten haben. Dies bekräftigt die Hypothese, dass der gewählte Abstand von 10 Wochen allenfalls zu gering ist und in zukünftiger Forschung ein grösseres Zeitintervall gewählt werden sollte. Ein weiteres, designtechnisches Problem, welches in zukünftiger Forschung berücksichtigt werden sollte, ist die Wahl des Samples. Werden die Probanden für eine Studie nur aus einer einzigen Organisation rekrutiert, wird die Wahrscheinlichkeit erhöht, dass organisationsspezifische Kontextvariablen statistisch interferieren. Cross-betriebliche Forschung würde entsprechende Interferenzen zwar nicht unterbinden, aber statistisch berechenbar machen. Dies erhöht schlussendlich die Aussagekraft der gefundenen Korrelationen.

5 Konklusion

Die Arbeit zeigt auf, welche integrativen Konstrukte in der Forschung von I-Deals wichtig sind oder sein könnten. Sie legt dar, dass die Forschung noch nicht den Stand erreicht hat, um umfassende Analyse generieren zu können, wie eine Einbindung von I-Deals aussehen könnte; zu stark beschäftigt noch die Konzeptualisierung von I-Deals. Eine wissenschaftlich fundierte Integration gelingt erst, wenn I-Deals klar konzeptualisiert sind, das nomologische Netzwerk erweitert wird und I-Deals auf Langzeiteffekte hin untersucht werden. Zusammengenommen sprechen die Resultate umso mehr für die Wichtigkeit der weiteren Erforschung der Konzeptualisierung von I-Deals und der Untersuchung von langfristigen Auswirkungen von I-Deals, um der Integration von I-Deals einen Schritt näher zu kommen.

6 Literaturverzeichnis

Ahearn, K. K., Ferris, G. R., Hochwarter, W. A., Douglas, C., & Ammeter, A. P. (2004). Leader political skill and team performance. Journal of Management, 30(3), 309-327.

Allen, N. J., & Meyer, J. P. (1990). The measurement and antecedents of affective, continuance and normative commitment to the organization. Journal of occupational and organizational psychology, 63(1), 1-18.

Anand, S., Vidyarthi, P. R., Liden, R. C., & Rousseau, D. M. (2010). Good citizens in poor-quality relationships: Idiosyncratic deals as a substitute for relationship quality. Academy of management journal, 53(5), 970-988.

Bass, B. M., & Stogdill, R. M. (1990). Bass & Stogdill's handbook of leadership: Theory, research, and managerial applications. Simon and Schuster.

Blau, P. M. (1964). Exchange and power in social life. Transaction Publishers.

Cohen, J. (1988). Statistical Power Analysis for the Behavioral SciencesNew JerseyLawrence Erlbaum Associates. Inc. Publishers.

Ferris, G. R., Treadway, D. C., Kolodinsky, R. W., Hochwarter, W. A., Kacmar, C. J., Douglas, C., & Frink, D. D. (2005). Development and validation of the political skill inventory. Journal of Management, 31(1), 126-152.

Frese, M., Fay, D., Hilburger, T., Leng, K., & Tag, A. (1997). The concept of personal initiative: Operationalization, reliability and validity in two German samples. Journal of occupational and organizational psychology, 70(2), 139-161.

Graen, G. B., & Scandura, T. A. (1987). Toward a psychology of dyadic organizing. Research in organizational behavior.

Greenberg, J. (1987). A taxonomy of organizational justice theories. Academy of Management review, 12(1), 9-22.

Greenberg, J., Roberge, M. É., Ho, V. T., & Rousseau, D. M. (2004). Fairness in idiosyncratic work arrangements: justice as an i-deal. In Research in personnel and human resources management (pp. 1-34). Emerald Group Publishing Limited.

Harrison, D. A., Newman, D. A., & Roth, P. L. (2006). How important are job attitudes? Meta-analytic comparisons of integrative behavioral outcomes and time sequences. Academy of Management journal, 49(2), 305-325.

Ho, V. T., & Kong, D. T. (2015). Exploring the signaling function of idiosyncratic deals and their interaction. Organizational Behavior and Human Decision Processes, 131, 149-161.

Ho, V., & Tekleab, A. G. (2013, January). Ask and Ye Shall Receive: A Model of Ex-Ante and Ex-Post Idiosyncratic Deal-Making and Outcomes. In Academy of Management Proceedings (Vol. 2013, No. 1, p. 11481). Academy of Management.

Hornung, S., Rouseau, D. M., Glaser, J., Angerer, P., & Weigl, M. (2011). Employee-oriented leadership and quality of working life: mediating roles of idiosyncratic deals. Psychological reports, 108(1), 59-74.

Hornung, S., Rousseau, D. M., & Glaser, J. (2008). Creating flexible work arrangements through idiosyncratic deals. Journal of Applied Psychology, 93(3), 655.

Hornung, S., Rousseau, D. M., & Glaser, J. (2009). Why supervisors make idiosyncratic deals: Antecedents and outcomes of i-deals from a managerial perspective. Journal of Managerial Psychology, 24(8), 738-764.

Hornung, S., Rousseau, D. M., Glaser, J., Angerer, P., & Weigl, M. (2010). Beyond top-down and bottom-up work redesign: Customizing job content through idiosyncratic deals. Journal of Organizational Behavior, 31(2-3), 187-215.

Hornung, S., Rousseau, D. M., Weigl, M., Mueller, A., & Glaser, J. (2014). Redesigning work through idiosyncratic deals. European Journal of Work and Organizational Psychology, 23(4), 608-626.

Hu, J., Vidyarthi, P. R., Anand, S., & Liden, R. C. (2010). Examining a social exchange model of developmental idiosyncratic deals and employee organizational citizenship behavior. In Proceedings of the annual meeting of the Southern Management Association (pp. 403-408).

Judge, T. A., Piccolo, R. F., & Ilies, R. (2004). The forgotten ones? The validity of consideration and initiating structure in leadership research.

Kim, P. H., Pinkley, R. L., & Fragale, A. R. (2005). Power dynamics in negotiation. Academy of Management Review, 30(4), 799-822.

Lai, L., Rousseau, D. M., & Chang, K. T. T. (2009). Idiosyncratic deals: Coworkers as interested third parties. Journal of Applied Psychology, 94(2), 547.

Liao, C., Wayne, S. J., & Rousseau, D. M. (2014). Idiosyncratic deals in contemporary organizations: A qualitative and meta-analytical review. Journal of Organizational Behavior.

Likert, R. (1961). New patterns of management.

Liu, J., Lee, C., Hui, C., Kwan, H. K., & Wu, L. Z. (2013). Idiosyncratic deals and employee outcomes: The mediating roles of social exchange and self-enhancement and the moderating role of individualism. Journal of Applied Psychology, 98(5), 832.

Myers, D. G. (2008). Psychologie. 2., erweiterte und aktualisierte Auflage. Heidelberg: Springer.

Parker, S. K., & Collins, C. G. (2010). Taking stock: Integrating and differentiating multiple proactive behaviors. Journal of Management, 36(3), 633-662.

Paulsen, N., Callan, V. J., Grice, T. A., Rooney, D., Gallois, C., Jones, E., ... & Bordia, P. (2005). Job uncertainty and personal control during downsizing: A comparison of survivors and victims. Human relations, 58(4), 463-496.

Pearce, J. L., Branyiczki, I., & Bigley, G. A. (2000). Insufficient bureaucracy: Trust and commitment in particularistic organizations. Organization Science, 11(2), 148-162.

Podsakoff, P. M., MacKenzie, S. B., Lee, J. Y., & Podsakoff, N. P. (2003). Common method biases in behavioral research: a critical review of the literature and recommended remedies. Journal of applied psychology, 88(5), 879.

Raeder, S., & Grote, G. (2005). Eigenverantwortung als Element eines neuen psychologischen Vertrages. Gruppendynamik und Organisationsberatung, 36(2), 207-219.

Rofcanin, Y., Berber, A., Koch, S., & Sevinc, L. (2016). Job crafting and I-deals: a study testing the nomological network of proactive behaviors. The International Journal of Human Resource Management, 27(22), 2695-2726.

Rosen, C. C., Slater, D. J., Chang, C. H., & Johnson, R. E. (2013). Let's make a deal: Development and validation of the ex post i-deals scale. Journal of Management, 39(3), 709-742.

Rousseau, D. (1995). Psychological contracts in organizations: Understanding written and unwritten agreements. Sage Publications.

Rousseau, D. M. (2005). I-deals, idiosyncratic deals employees bargain for themselves. ME Sharpe.

Rousseau, D. M., & Kim, T. G. (2006). When workers bargain for themselves: Idiosyncratic deals and the nature of the employment relationship. British Academy of Management, Belfast.

Rousseau, D. M., Ho, V. T., & Greenberg, J. (2006). I-deals: Idiosyncratic terms in employment relationships. Academy of Management Review, 31(4), 977-994.

Scandura, T. A., & Graen, G. B. (1984). Moderating effects of initial leader–member exchange status on the effects of a leadership intervention. Journal of applied psychology, 69(3), 428.

Shore, L. M., Tetrick, L. E., Lynch, P., & Barksdale, K. (2006). Social and economic exchange: Construct development and validation. Journal of Applied Social Psychology, 36(4), 837-867.

Simon, H. A. (1997). Administrative Behavior. Simon and Schuster.

Thompson, L. (2000). Mind and heart of the negotiator, the. Prentice Hall Press.

Wayne, Sandy J., Lynn M. Shore, and Robert C. Liden. "Perceived organizational support and leader-member exchange: A social exchange perspective." *Academy of Management journal* 40.1 (1997): 82-111.

Wrzesniewski, A., & Dutton, J. E. (2001). Crafting a job: Revisioning employees as active crafters of their work. Academy of management review, 26(2), 179-201.

Zhao, H. A. O., Wayne, S. J., Glibkowski, B. C., & Bravo, J. (2007). The impact of psychological contract breach on work-related outcomes: a meta-analysis. Personnel psychology, 60(3), 647-680.